김일부의 생애와사상

○ 증산도 상생문화총서 24

김일부의 생애와 사상

발행일	2014년 6월 16일 초판 1쇄
	2020년 3월 2일 2쇄
지은이	양재학
발행처	상생출판
주소	대전시 중구 선화서로 29번길 36(선화동)
전화	070-8644-3156
팩스	0303-0799-1735
홈페이지	www.sangsaengbooks.co.kr
출판등록	2005년 3월 11일(175호)
ISBN	978-89-94295-84-8
	978-89-957399-1-4 (세트)

Copyright ⓒ 2020 상생출판
글과 사진의 복제와 무단 전재를 금합니다.
가격은 뒷표지에 있습니다.

김일부의
생애와사상

양재학 지음

상생출판

프롤로그

　조선은 주역의 나라였다. 조선의 선비치고 주역을 읽지 않은 사람이 없었으며, 유명한 학자들 또한 주역에 대한 해설서를 앞다투어 내놓았다. 『주역』은 어떤 책인가? 예로부터 주역은 인생관을 비롯하여 가치관, 역사관, 정치관의 철학적 근거를 제공함은 물론 삶의 표준을 안내하는 훌륭한 지침서였다.

　조선조 말기에 태어나 새로운 우주관과 시간관에 입각하여 『정역』을 지은 김일부金一夫(1826~1898) 역시 주역학자였다. 김일부는 총 4,623자로 이루어진 짧은 글로 주역학의 지평을 새롭게 열었음에도 불구하고[1] 그의 정역사상은 지식들에게 외면받기 일쑤였다. 단지 소수의 계층에서만 관심을 가질 뿐 아직도 대중화의 길은 험난한 것으로 보인다.

　이러한 현상이 나타나는 이유는 어디에 있는가? 여기에는 두 가지 원인이 있다. 하나는 김일부가 구상한 이론이 조선을 지배했던 성리학적 세계관과 가치관을 뒤엎어버리는 폭발성 때문에

---

[1] 금장태, 「一夫 金恒과 "正易"의 종교사상」 『한국현대의 유교문화』(서울: 서울대출판부, 2002), 89쪽, "김일부는 새로운 易學의 논리를 계발함으로써 이론적으로 가장 치밀하고 조직적인 후천개벽사상을 보여주고 있기 때문에 한국사상사 내지 한국종교사에서 중요한 의의와 위치를 차지하고 있다."

지배층으로부터 불순한 이념으로 지목되어 의심받았고, 소수의 연구자들 또한 기존의 관념을 벗어 던지는 지적 용기가 부족한 탓에 연구의 활성화가 이루어지지 않았던 것이 주요 원인으로 손꼽힌다. 다른 하나는 김일부가 사용한 언어와 논리를 이해하기 위해서는 엄청난 기초 지식이 필요하며, 때로는 이미 배워왔던 지식이 도리어 정역사상의 심층적 이해에 걸림돌이 된다는 사실을 절감하고서 중도에 포기하는 경우가 허다했기 때문이다.

이런 연유에서 정역사상은 『주역』의 종지와는 거리가 한참 멀거나, 김일부는 합리적인 유토피아 이론을 외친 신흥종교의 거목으로 왜곡되는 경우가 많았다. 『정역』이 비록 『주역』에 근거를 둔 학술이지만 당혹스러울 만큼 내용이 매우 파격적이다. 그래서 주역에 중독된 학자들은 애당초 정역사상을 거부하거나 『주역』의 이단異端 또는 스캔들이라고 몰아쳤다.

그렇다면 『주역』과 『정역』의 차별성은 무엇인가? 전 세계 도서관에는 주역을 풀이한 책들이 수두룩하다. 『정역』은 『주역』에 대한 수많은 해석서 가운데 하나가 아니다. 한마디로 『정역』은 과거의 다양한 주역관을 종결짓는다. 김일부는 『주역』의 핵심을 추출한 다음에 재구성하여 『주역』의 본질을 새로운 성격으로 규정하였다.

일차적으로 『정역』은 '올바른 주역(正易^{정역}) = 바로잡힌 주역 = 주역을 바로잡다'라는 뜻을 함축한다. 따라서 김일부는 정역과 주역을 결정적으로 구분 짓는다. 『정역』「대역서」에서 그가 "初初之易^{초초지역}과 來來之易^{래래지역}이 所以作也라^{소이작야}"라고 한 말이 그것이다. 즉 '초초지역'은 주역으로 대표되는 선천역이고, '래래지역'은 후천역이라는 뜻이다. 이는 『주역』이 선천역이고, 『정역』이 후천역이 된다는 얘기다. 그것은 『정역』을 통해 전통 주역학의 주제가 물론 사회적 모렐과 문화의 양상도 새롭게 사고해야 한다는 것을 전제한다.

『정역』의 출현은 한 권의 책이 이 세상에 출간된 사건에 머물지 않는다. 김일부는 과거의 복희역伏羲易과 문왕역文王易에 숨겨진 대립과 갈등과 모순을 극복하여 새로운 형태인 정역팔괘도正易八卦圖를 완성함으로써 인류사의 새로운 지평을 열었다. 결과적으로 볼 때 『정역』은 인류의 미래를 제시하는 새로운 패러다임을 완수했다는 점에서 사상적 의의가 있는 것이다.

정역팔괘도는 『정역』의 최종 결론이다. 그 까닭은 정역팔괘도가 '선후천 전환'의 원리를 근거로 김일부에 의해 (복희팔괘도와 문왕팔괘도를 이어) 새롭게 만들어진 제3의 괘도가 되기 때문이다. 주목할 만한 것은 정역팔괘도를 완성하는 과정에서 그가 선천이 후천으로 바뀌는 이유와 목적을 논리적 추론의 확신을 넘어 종교적 신념의 차원에서 고백하였다는 점이다. 특히 머지않아 시공질서의 재편성을 통해 후천이 역사현실에 구현된다는 것을 밝힌 이론의 정합성은 정역사상의 압권이라고 하겠다.

김일부의 사후로부터 지금까지 정역사상에 접근했던 방식은 여러 갈래로 구분하여 열거해볼 수 있을 것이다. 유가의 도덕 형이상학과 주역의 연장선에서 정역사상을 바라보는 시각도 있을 것이고, 가깝게는 19세기 당시 사상계의 동향에 발맞추어 개벽사상의 입장에서 조명하는 방법도 있을 것이며, 멀게는 조선조 중기 이후에 싹트기 시작한 『정감록』을 비롯한 각종 비결서에 깊이 숨겨진 우주의 비밀을 합리적으로 해석한 학문으로 인식하는 경우[2]도 있을 것이다. 그러나 가장 중요하고 의미 있는 것은 정역

---

2 이러한 관점을 갖는 학자는 이강오가 대표적이다. 그의 주장에 따르면 連潭 李雲圭는 일찍이 도교적 발상에 입각하여 선후천 전환의 세계관을 형상화했는데, 이를 제자인 김일부가 세련되게 체계적으로 정리한 결과물이 바로 정역이라는 논지를 펼친다. 특히 남학교조인 연담의 教統을 이어받은 김일부는 유

사상의 궁극 목적이 되는 개벽 사상에 초점을 맞추어 논의하는 것이라고 필자는 보고 있다.

물론 『정역』의 성격을 단언하여 하나로 규정지을 수 없는 것은 사실이며, 또한 정역사상의 뿌리가 『주역』에 있음을 부정할 수도 없다. 하지만 김일부는 『주역』을 지은 공자孔子(BCE 551~BCE 479)를 계승하는 한편, 공자가 미처 언급하지 못했던 천지 자체의 변화를 하도낙서河圖洛書와 정역팔괘도로 압축하여 설명한 점은 사상적 혁명가로 일컬어도 손색이 없을 것이다.[3]

교의 측면에서 정역을 논하여 스스로 '大宗敎' '無極大道'를 깨달아 교주가 되었고, '先后天 運度變易'의 이론과 五音呪誦에 의한 詠歌舞蹈(이강오는 詠歌를 靈歌로 표기하여 김일부의 신비체험을 통해 정역이 완성되었음을 시사한다)의 수련이 주요 목적이였으며, 유불선 3교의 통합은 부차적인 것이라고 강조했다. (이강오, 「진안땅에 남학이 있었다」『향토연구』1, www. msisan.com). 이 점은 비판적 안목에서 반드시 재검토되어야 마땅하다.

3 그는 공자에 대해 양면적 태도를 취한다. 사상적 계보에서 그는 공자를 누구보다도 철저히 계승한다. 「大易序」에서 '부자의 친필(공자의 인격을 포함한 모든 것)을 내 몸에 간직하니(夫子親筆吾己藏)'라고 하여 공자와의 말없는 교감이 학문의 토대가 되었음을 밝힌 바 있다. 이에 비해 "천지 밖의 무형의 세계의 경치를 훤히 꿰뚫어 깨닫기는 나 일부가 능히 하고, 천지 안의 유형의 세계의 이치를 바야흐로 통달하심은 공자께서 먼저 하셨네(洞觀天地無形之景, 一夫能之, 方達天地有形之理, 夫子先之)"라고 하여 자신은 하도 10수세계를 통달했으며, 공자는 낙서9수 세계의 범위를 넘지 못했다고 한다. 한편 공자가 구체적으로 언급하지 않았을뿐, 자신이 깨달은 경지를 공자는 이미 알고 있었다고

김일부는 『정역』에서 선후천변화의 문제에 착안하여 우주론과 시간론의 근본명제를 다양한 방법으로 사유하고 풀었다는 사실 하나만으로도 혁명적 사상가라 불러도 마땅하다. 물론 그가 선후천 개벽 상황이 어떻게 전개될 것인가의 문제에 대해서는 구체적으로 언급하지는 못했지만, 혁명적 사상가인 동시에 사상적 혁명가였다는 것은 분명하다.

개벽과 관련하여 증산상제는 "주역은 개벽할 때 쓸 글이니 주역을 보면 내 일을 알리라."(『도전』 5:248:6)고 말하여 『주역』의 성격을 매듭지은 놀라운 선언을 했다. 여기서 말하는 개벽은 선천개벽과 후천개벽으로 구분지을 수 있을 것이다. 선천개벽은 아주 먼 과거의 일이고, 후천개벽은 앞으로 곧 다가올 우주의 대변화를 뜻한다.[4] 『주역』에 대한 이러한 정의는 과거의 도덕 형이상학적 해석들을 뛰어넘는 혁신적인 규정이라 볼 수 있을 것이다.

김일부는 자연의 배후에 존재하는 숨겨진 수학적 질서와 패턴을 읽어내어 우주의 창조적 변화(造化)가 일어나는 후천개벽사상

『정역』에서 여러 번 말하여 공자와 대등한 위치에 있음을 과시한다.
4 예컨대 邵康節(1011~1077)을 비롯한 과거의 선후천관은 선천개벽에 초점이 맞추어져 있다면, 『정역』과 증산도사상은 후천개벽에 초점이 맞추어져 있다.

의 이론적 근거와 그 과정을 천명하였다. 더 나아가 그는 "선후천이 바뀌는 우주 대변혁의 원리와 간艮 동방에 상제님이 오시는 이치를 처음으로 밝혔기"(『도전』 1:9:2) 때문에 역도易道의 종장宗長[5]으로 불리는 영광을 누리게 되었다.

그렇다면 『정역』을 관통하는 핵심주제는 무엇인가? 김일부는 선천이 후천으로 전환된다는 것을 여러 각도에서 논의하고 있기 때문에 정역사상은 한마디로 선후천론이라고 말해도 틀리지 않는다. 선후천론은 시간의 선험적 구조를 바탕으로 돌아가는 자연계의 순환과 진화가 크게 보아 선천과 후천으로 구성되어 돌아가고 있다는 것이 핵심이다. 지금은 선천이 후천으로 바뀌는 시간대에 접어들었다는 것을 설명하는 철학 체계를 뜻한다. 따라서 필자는 선후천론을 중심으로 후천개벽이 '왜', '어떻게' 이루어지는가의 문제에 초점을 맞추어 논리적으로 조명해볼 것이다.

필자는 이 글을 『정역』을 저술한 김일부의 생애와 사상을 소개하려는 동기에서 작성하였다. 필자는 암울했던 조선조 말기에 살았던 김일부의 생애와 학문적 성숙과정을 개괄적으로 살피고, 주

---

5 『도전』 438쪽 각주 참조.

역사에서 가장 수수께끼 같은 사상으로 평가되는 『정역』의 의미를 분석할 예정이다.

먼저 선후천에 대한 사상적 형성 배경을 조명하여, 왜 선천이 후천으로 바뀌는가에 대한 이유와 목적과 과정을 3극론의 입장에서 고찰할 것이다. 그리고 선후천 전환의 화두는 언제 발생했으며, 또한 역법 성립의 메카니즘에 대한 분석을 통해 시공의 근본 틀이 어떻게 변화하는가를 '금화교역설'을 중심으로 살필 것이다. 마지막으로 후천의 새로운 달력이 어떤 형태로 나타나는지를 꼼꼼히 짚어 볼 것이다.

차 례

第一部
정역의 창시자 김일부

프롤로그··4

1. 출생과 학문의 여정 ································· 18
2. 연담선생과 남학, 그리고 김일부················ 35
3. 선각자의 삶 ·· 56
4. 『정역』과 증산도사상 ································ 62

第二部
정역의 핵심사상

1. 선후천 개념의 재해석 ………………………… 84
2. 정역괘도 성립의 의의 ………………………… 89
3. 존재론의 재인식 - 3극론三極論 ………………………… 99
4. 새로운 중[皇中]의 발견 - 황극, 생명의 징검다리 ………………… 116
5. 선후천의 전환논리- 금화교역론 ………………………… 136
6. 새로운 시간론- 역수론曆數論 ………………………… 148

에필로그 ……………………………………… 167
찾아보기 ……………………………………… 180

정역의 창시자 일부 김항선생의 영정
(1826~1898)

第一部

정역의 창시자 김일부

김일부선생 탄생지 |
김일부선생의 묘소에서 200m 거리에 있으며 지금은
건양대 총장이 살고 있다.

1. 출생과 학문의 여정

개벽사상가의 출현

조선조 500년은 성리학性理學의 이념으로 지탱되었다. 그러나 임진왜란과 병자호란을 거치면서 신분제도와 토지제도의 붕괴로 인해 점차 쇠퇴기에 접어드는 징조가 사회 전반에 나타나기 시작했다. 19세기 후반에 이르면서 집권층의 부정부패로 얼룩진 조선은 서구 열강의 각축장으로 변질되었다. 민심은 지배층으로부터 떠난 지 오래 되었고, 전국 곳곳에서 민란이 들불처럼 일어나 왕조의 기반이 송두리째 흔들렸다. 대외적으로는 조선을 중심으로 세계의 패권이 재편성되는 소용돌이에 휩싸였으며, 대내적으로는 국가의 이념이 붕괴됨에 따라 새로운 정신적 기반이 필요한 위기의 시기였다.

이때 서양에서 건너온 서학西學은 민중들에게 큰 호응을 얻게 되었고, 『정감록』을 비롯하여 여러 비결서祕訣書에서 말하는 예언은 새로운 세상을 열망하는 민중들의 염원에 부응하게 되었으며, 급기야는 개벽사상의 태동으로 이어지게 되었다. 다급해진 조선 조정은 위정척사론衛政斥邪論으로 국가의 체제를 수호하고 재정비하려고 시도했으나, 이미 조선의 운명은 돌이킬 수 없는 회복 불능의 상태로 돌입하였다.

신흥 권력층은 개혁개방을 통해 서양의 문물제도를 받아들이자는 개화사상開化思想을 주장했으나, 한편에서는 민중의 힘과 여망을 등에 업고 개벽사상開闢思想을 내세워 '지금 여기에서' 새로운 세상을 구현하려는 사회 개혁운동으로 나타났다. 조선을 지켜왔던 성리학의 도덕적 질서는 한계가 드러나기 시작했으며, 또한 민중의 희망을 보듬기에는 이미 낡은 유산에 불과했다. 그 대안으로 등장한 것이 바로 동학에서 말하는 후천개벽사상이다.

조선의 백성이 기댈 곳은 민중 신앙으로 성장하면서 광범위하게 확산된 개벽사상이었다. 김일부(1826~1898, 이름은 항恒)는 후천개벽사상에 관한 한 최고의 이론가로 등장하게 되었던 것이다.

그는 조선의 국운이 쇠퇴하던 극심한 혼란기에 충청도 연산連山[6] 땅에서 태어났다. 김일부의 본관은 광산光山으로 어렸을 때의

---

[6] 艮卦를 으뜸으로 삼는 夏나라 때의 易이 連山易이며, 坤卦를 으뜸으로 삼는 商나라 때의 易은 歸藏易이며, 乾卦를 으뜸으로 삼는 周나라는 때의 易은 周易으로 불린다. 김일부는 우주가 대변화를 겪으면서 머지않아 다시 간괘를 우두머리로 삼는(手指度數의 으뜸) 정역팔괘도가 출현할 것을 확언했다. 그것은 지구의 동북방에 위치한 艮方의 한민족이 후천문명을 주도적으로 이끌어갈 것을

이름은 재일在一이었으며, 자는 도심道心, 호는 일부一夫이다. 시조는 신라 52대 왕손이며, 조선조 성종 때 좌의정을 지냈던 광산부원군光山府院君 김국광金國光(1415~1480)의 후손으로서 아버지 김인로金麟魯와 어머니 대구서씨大邱徐氏 사이에서 2남1녀 중 장남으로 태어났다. 1826년 10월 28일, 지금의 충청남도 논산군 양촌면 남산면 담곡리(일명 당골) 대나무가 우거진 오도산五道山 기슭에서 새로운 세상이 펼쳐질 것을 예고한 선비가 태어난 것이다.

가족환경

김일부의 가정환경과 학문의 성숙과정을 빠짐없이 밝혀줄 상세한 기록은 없다. 다만 짧은 문장의 「김일부선생행장金一夫先生行狀」과 구전口傳의 내용들만 전해져 내려올 뿐이다. 그리고 몇몇 후학들이 김일부 친인척들이 전하는 구술과 답사를 통해 얻은 증언으로 그의 생애의 편린을 파악할 수 있을 정도에 불과하다.[7] 그나마 가족 사항만 비교적 상세하게 전해져 오고 있다.

시사한다.

7 심지어는 書簡文를 비롯한 『정역』의 교정지마저도 김일부가 보는 앞에서 집안사람에 의해 불태워졌다고 전하기 때문에 그의 생애와 학문에 얽힌 비하인드 스토리는 거의 전무하다시피하다. 지금까지 김일부의 생애에 대한 연구는 이정호의 「一夫先生傳」, 이강오의 『한국신흥종교총람』(대흥기획, 1992)에 나오는 「南學系 總論」, 백문섭의 「一夫先生年譜」 『정역연구의 기초』(일부선생기념사업회, 1980), 유남상의 조사(윤종빈, 『正易과 周易』, 상생출판, 2009) 등이 있다.

김정현의 「일부선생행장」, 이정호의 『정역과 일부』, 백문섭의 『정역연구의 기초』, 유남상의 「일부김항선생묘갈문」 등을 참고하여 김일부의 5대조五代祖로부터 현재까지의 직계 가계도(장남 중심)를 정리하면 다음과 같다.

> 김여해金汝諧(五代祖; 자는 화경和卿) → 김성권金聖權(高祖; 자는 사행士行) → 김경충金景忠(曾祖; 자는 일지一之) → 김시형金時衡(祖; 자는 은노殷老) → 김인로金麟魯(父; 자는 원령元靈) → **김일부**金一夫 → 김두현金斗鉉(子; 자는 경칠敬七, 호는 일련一蓮) → 김영득金永得(孫子) → 김효수金孝洙(曾孫) → 김용식金容軾(高孫)

장남으로 태어난 김일부 밑으로는 두 명의 동생이 있다. 네 살 아래의 여동생(庚寅生)은 최형석崔洞奭에게 시집갔으며, 열 살 아래 남동생(丙申生)의 이름은 재훈在熏이다. 김일부는 20세가 되기도 전에 부모를 여의었다. 그는 청년기에 많은 -일설에는 약 800석이 넘는- 재산을 물려받을 정도로 부유했으나, 어린 동생인 재훈에게 가산을 맡기고 공부에만 매달렸다. 얼마나 학문에 열중했으면 가산이 탕진되는 줄도 몰랐다고 한다. 나중에는 가족들이 겨우 거처할 수 있는 집 한 채만 겨우 남아 있을 정도로 가난했다.

김일부가 어렸을 때는 어린 동생과 함께 부친에게 배웠으나, 청년기에는 누구에게 배웠는지조차 불분명하다. 다만 가문의 영향을 받아 문장을 다듬는 기술과 예법의 연마에 힘썼던 것으로 추정할 수 있을 따름이다.

김일부는 젊어서 여흥민씨驪興閔氏와 결혼하여 딸 하나를 낳았다. 그의 장녀(민씨 소생)는 당골 입구에서 약 15분 정도 떨어진 이웃마을 띠울에 거주하던 연담선생의 셋째아들 이복래李復來에게 시집갔다. 김일부와 연담은 사제관계인 동시에 사돈 사이였다. 그는 민씨 사이에서 더 이상의 자식이 없었기 때문에 다시 장가를 들어 영해박씨寧海朴氏와의 사이에서 이녀일남二女一男을 낳았다. 둘째딸은 셋째딸보다 네 살 많았고, 셋째딸은 막내아들보다 네 살이 많았다. 막내아들의 이름은 두현斗鉉(자는 경칠敬七, 호는 일련一蓮)이다. 김일부가 막내아들을 낳았을 때(1879년: 을묘己卯)는 이미 54세로서 학문의 완숙기에 접어든 시기였다.[8]

정역팔괘도를 긋기 시작한 1879년(을묘己卯)

정역팔괘도의 출현은 김일부의 나이 54세가 되던 1879년부터 시작된다. 역도易道의 수리론數理論[9]에서 볼 때, 이 해는 건도乾道

---

8 『정역』「십오일언」"입도시立道詩", "靜觀萬變一蒼空하니 六九之年始見工을 妙妙玄玄玄妙理는 无无有有有无中을" 여기서 '六九之年'은 자신의 54세를 지적한 것이며 그 이면에는 6 × 9 = 54의 數理論이 전제되어 있다.

9 이정호, 『정역연구』(서울: 국제대학출판부, 1983), 40-51쪽 참조. 정역팔괘도가 갖는 인류사적 의미는 다섯 가지로 요약할 수 있다. ① 건곤乾坤의 정위正位로 말미암아 천하의 올바른 윤리가 세워진다. 이는 하도河圖의 실현으로

가 곤도坤道로 바뀌는 시점을 암시하는 시운時運이 분명히 드러나 있다.

정역팔괘도의 출현은 중국사상의 그늘에 갇혔던 한국철학의 독창성을 세계에 알리는 신호탄이다. 김일부가 정역팔괘도를 그은 배경에는 연담으로부터 화두를 받고서 끊임없는 사색과 공부에 정진했으며, 오랜 동안의 철학적 고뇌와 함께 꿈결 같은 신비체험이 있었을 것이다. 언제인가부터 눈을 뜨나 감으나 앞이 환해지고, 정체를 알 수 없는 괘획卦劃이 눈앞에 나타나기 시작했다. 이때부터 온 천지가 괘획으로 가득 찰 지경이었으나 그 뜻은 알지 못했다. 그 후 그는 54세가 되던 해에 『주역』「설괘전」6장의 "신은 만물을 신묘하게 만드는 존재"[10]라는 글귀를 읽다가 문득 모든 것이 공자의 예시임을 깨닫고 정역팔괘도를 긋는 쾌거를 이루었던 것이다.

2년 후에 기묘한 사건이 일어났다. 56세 때(1881년, 신사辛巳)에

말미암아 자연에 편재하는 음양의 완전 조화 때문에 가능하다. 정역팔괘도는 침체에 빠진 선천의 궁액窮厄에 새로운 활기를 불어넣어 주는 생명소요 활력소 역할을 한다. ② 곤남건북坤南乾北의 정역팔괘도는 세계에 태운泰運을 조성하여 간艮으로 하여금 신질서 수립의 기수가 되게 만든다. ③ 정역팔괘도는 인류에게 개과천선하도록(大人虎變, 君子豹變) 의식혁명을 촉구한다. ④ 간방艮方의 겨레는 세계사적 사명을 완수해야 한다. ⑤ 간방의 겨레는 무상의 보물인 정역팔괘도을 이 땅에 내려준 우주의 섭리에 대하여 깊이 인식하는 동시에 감사하고 보답할 줄 알아야 한다.

10 "神也者, 妙萬物而爲言者也." 소강절은 「설괘전」3장은 복희팔괘도, 「설괘전」5장은 문왕팔괘도로 규정했으나 「설괘전」6의 내용은 언급하지 못했다.

먼 조카뻘이 되는 김국현金國鉉에게 괘도를 그리게 한 뒤부터는 괘획이 눈앞에서 사라졌다고 전한다.[11] 그리고 그는 1881년(辛巳)에 자신의 혈통과 학문적 연원을 밝힌「일부사실一夫事實」과, 자신의 업적을 기록한「일부사적一夫事蹟」을 비롯하여『정역』을 지은 이유와 목적을 밝힌『정역』의 서문인「대역서大易序」를 짓게 된다.

『정역』의 종지는「대역서大易序」에 온전히 녹아 있다.「대역서」는 위대한 역의 서문이라는 뜻 외에도 자연의 근본 틀이 '크게 바뀐다(大易 = Great change)'는 의미가 있다. 전자가『정역』이 쓰여진 목적과 배경을 말한 것이라면, 후자는 선천개벽 이래로 자연의 질서 자체가 창조적 변화를 거쳐 후천으로 접어든다는 것을 밝힌『정역』의 위대성으로 새기는 것이 옳을 것이다.

「대역서」는『주역』과의 결별을 선언하는 내용이 대부분이다.『주역』의 주제가 자연에서 일어나는 변화의 패턴을 읽어내는 것에 있다면,『정역』은 우주가 처음으로 만들어지기 이전부터 자연의 순환주기에 숨겨진 시간 운행의 프로그램과 그것의 전환 원리가 존재한다는 것을 밝히고 있다. 또한 문왕文王 이후 2,800년 동안 천지가 기울어져(傾危) 자연과 문명의 비극을 쌓아왔다는 것을 말하여 지축경사가 상극의 원인임을 지적하고 있다. 그리고 지금은 선천을 마감하고 후천의 개벽문開闢門이 열리는 시간대라

---

11 이정호, 앞의 책, 29-30쪽 참조.

는 것을 제시하여 『정역』은 선후천론으로 압축된다고 선포했던 것이다.[12]

1884년(갑신甲申)에 그는 『정역』 상경인 「십오일언十五一言」을 완성했다. 『주역』이 상경上經과 하경下經으로 구성된 것처럼, 『정역』 역시 주역의 상경에 해당하는 「십오일언」과 하경으로 볼 수 있는 「십일일언十一一言」의 체제로 이루어져 있는데, 상경을 먼저 지은 것이다. 1885년(을유乙酉)에 그는 「십오일언」의 짝에 해당하는 하경인 「십일일언」을 완성하여 마침내 『정역』을 처음으로 이 세상에 내놓았다.

『정역』은 「대역서」 269자, 「십오일언」 3,147자, 「십일일언」 1,207자의 총 4,623자에 불과한 책이다. 여기에는 붓 한 자루로 세상을 깜짝 놀라게 한 내용으로 가득 차 있다.

그런데 『정역』은 온통 암호문과 같은 수리철학과 시의 형식으로 가득 차 있는 까닭에 전문가들조차도 그 깊이를 추측하기 힘든 텍스트라 할 수 있다. 이밖에도 밤하늘을 수놓는 28수宿의 변화를 비롯해 1년 360일에 부합하는 「십이월이십사절기후도수十二月二十四節氣候度數」라는 달력으로 매듭지어 지구촌이 용화낙

---

[12] ① "聖哉라 易之爲易이여 易者는 曆也니 無曆이면 無聖이요 無聖이면 無易이라 是故로 初初之易과 來來之易이 所以作也시니라 夫子親筆吾己藏하니 道通天地無形外라 伏羲粗畫文王巧하니 天地傾危二千八百年이라" ② "嗚呼라 今日今日이여 六十三 七十二 八十一은 一乎一夫로다"(『정역』「십오일언」)

원룡화락원元龍華樂園과 유리세계琉璃世界로 빛날 것을 예고하였다.

후학을 위한 강론

1887년(정해丁亥)에는 가난으로 인해 가족이 잠시 헤어져 살아야 하는 곤경이 닥쳤다. 하루는 띠울에 사는 장녀와 사위를 불러 말하기를 "재산 관리를 못해 단지 띠울에 종답宗畓 4두락四斗落과 집 한 채만 남아 있으므로 잘 지키라"고 부탁했다. 이때는 외손자 영계永契의 나이가 13세였는데, 아들 두현보다 네 살이 더 많았다. 당시에 사위 이복래는 남학南學에 심취하여 가정을 돌보지 않았다. 그래서 김일부는 박씨 부인과 셋째 딸(13세)과 막내아들(9세)만 데리고 연산 인근의 부적면 부황리(일명 다오개)에 있는 조

카 최종열崔宗烈의 집에 의탁하여 살았고, 민씨 부인과 둘째 딸은 띠울에 남아 살았다.

이듬해 1888년(무자戊子)년에는 민씨 부인과 둘째 딸도 띠울에서 다오개로 이사를 오게 하였다. 시집간 장녀를 제외한 다섯 명의 가족이 모여 살게 되었다. 이때에는 이미 김일부의 명성이 널리 퍼졌던 까닭에 제자들을 비롯하여 손님들의 방문으로 인해 문전성시門前成市를 이루었다. 최종열 집안에서는 스승인 김일부를 정성껏 모셨고, 손님을 융숭하게 접대했다고 전한다.

이곳에 살던 둘째 딸은 열일곱 살 때 충청도 부여군 초촌면에 사는 함평咸平 이계규李啓奎와 혼인하였고, 셋째 딸은 열 일곱 살(혹 18세) 때 다오개 최종열 집에서 멀지 않은 곳에 살았던 해주海州 오치영吳致泳에게 시집갔다.

다오개에 둥지를 튼 김일부는 밤낮으로 제자들을 가르치는데 소홀함이 없었다.[13] 그런데 마을 인근의 사람들이 김일부에게 비문碑文을 비롯한 각종 문서작성을 요청하는 일이 자주 생겼다. 평소 자신의 글씨 남기기를 매우 꺼렸던 그는 조카로 하여금 대필代筆시키거나, 아무리 비문 써 주기를 부탁해도 예의를 갖춰서 거

---

13 "그곳에서 선생은 晝夜로 제자들과 論道講義를 하고, 특히 황혼이 지나면 그 문인 德堂에게 친히 乾坤卦와 繫辭傳과 蠱·巽의 至變干支와 豫·觀의 四時不忒과 正易의 제반 度數 등에 관하여 屈指明敎하시고, 새벽이면 뒤 두던에 올라 松林 사이에서 '복받아 가거라'고 외쳤다."(이정호, 앞의 책, 335쪽.)

절하였다. 단지 후세에 남길 만한 『정역』 한 권으로 만족했던 것으로 짐작할 수 있다.[14]

김일부는 국사봉國師峯에서 강론을 지속했다. 그는 국사봉에서 영가무도와 정역사상의 강론을 열중하다가 1898년(무술戊戌) 가을 추석 전에 제자인 덕당의 등에 업혀 하산하여 다오개의 최종열 집으로 내려온 뒤에 다시는 국사봉에 오르지 못했다.[15] 지병인 각기질환脚氣疾患이 도졌기 때문이다.

유언

1898년(戊戌) : 때는 1898년 11월 24일의 일이다. 김일부는 깊은 밤에 조용히 박씨 부인과 두 자녀를 불러 앉힌 다음, 유언을 시작했다. "내가 평생에 공부만 알고 금전金錢을 몰라서 집안이 이 꼴이 되었으니, 너희들을 고생시킨 일을 생각하면 딱하고 가이없다. 참 안 됐다. 그러나 성인聖人의 일을 알아보느라고 그리 된 일이니 할 수 있느냐" 하면서 벽장에서 『주역』 한 권과 직접 쓴 『정역』 한 권과 친필 「대역서」 두 벌(한 벌은 草書正本(초서정본), 한 벌은 行書副本(행서부본))을 아들 두현에게 주면서 잘 보관하라고 당부하였다.[16]

---

14 현재 남아 있는 김일부의 친필은 草書와 行書로 쓴 「대역서」 두 벌 뿐이다.
15 혹자는 김일부가 국사봉에서 내려온 70세 이후로는 최종열의 집에 머물렀다고 주장한다.
16 이정호, 앞의 책, 345-346쪽 참조.

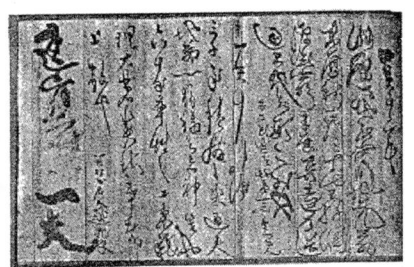 

일부 선생이 쓰신 초서체의 「대역서」

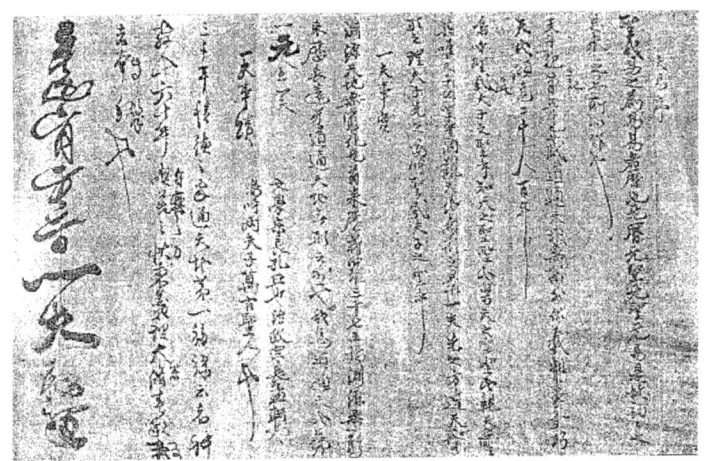

일부 선생이 쓰신 초서체의 「일부사실」 「일부사적」

유언을 마친 김일부는 민씨 부인을 불러오라고 재촉했다. 민씨 부인이 도착했을 때는 이미 김일부는 이 세상 사람이 아니었다. 1898년 11월 25일 아침에 조용히 운명한 것이다.

그의 장례식은 화려하지는 않았지만 초라하지도 않았다. 부고

訃告를 듣자마자 충청도와 전라도 지방의 유생들은 물론이고 경상도 지방의 몇몇 선비들이 문상問喪한 기록이 그 증거이다. 조선의 마지막 선비! 조선 말기의 선각자가 조선조 광무光武 2년(1898년) 11월 25일에 향년 73세를 누리고 태어나서 자란 고향땅 당골 오도산 기슭의 양지바른 곳에 묻혔다.[17] 지금은 후손들이 김일부 선생의 묘소를 성심성의로 관리하고 있다.

김일부의 풍모

김일부의 성품은 어떠했을까. 정역 연구가 이정호는 김일부의 초상화에 나타난 생김새와 각종 증언을 통해 얻은 정보를 종합한 바 있다. 그의 기록에서 김일부의 일상생활에 나타난 평소의 몸가짐과 절제된 습관 및 심신 수련의 수단인 영가무도와 선후천 전환의 이치를 손가락으로 헤아리는 수지도수手指度數를 잠시도 쉬지 않았음을 발견할 수 있다.

---

17 염명廉明은 다음과 같이 '一夫讚揚歌'를 지어 그 功德을 기렸다. "敬讚一夫大宗師는 開闢後天大道主라 慈悲淸淨本體시오 性理原通聖行이사 天根月窟俯仰하사 金火正易成道로다 无極未化先天이오 反極相生后天일세 十无極兮一太極과 五皇極이 一體로다 鴻濛以前佛이시오 剖判之初仙이로다 生民以後儒가되니 三敎本無二枝로다 仙佛聖人出世하니 人天无量合德이오 玉金百八 桂梅三千 禮三千而義一이라 化无上帝感化하사 五和律呂自動하니 龍歌鳳舞春風中에 萬國咸寧大和로다."

"선생의 체격은 학체鶴體이며 세장細長하고, 약간 여윈 편이나 점잖고 위엄있고 얼굴이 희어 고상한 인상을 준다. 이마가 넓고 관골顴骨(광대뼈)이 솟아 씩씩해 보이며, 하관下顴이 약간 빨은 듯이 길고, 눈이 깊고 길어 봉안鳳眼이며, 인중人中이 길고 앞니가 매우 기나 건순蹇脣은 아니며, 수염鬚髥은 채수염으로 사실사실한 편이고, 귓바퀴가 약간 뒤로 제켜져서 부골富骨이 아니며, 양미간兩眉間이 훤히 틔어서 시원하여 보였다 한다. 손을 내리면 팔이 두 무릎 아래까지 내려옴이 특색이고, 춤을 추면 학이 공중에 날개를 흔드는 것과 같았다. … 평소에 의관을 정제하여 추호도 해이한 빛이 없고 늦은 밤 취침 전에는 눕는 일이 없으며 낮잠을 주무시는 일은 전연 없었다. 아침에 항상 일찍 일어나시고, 잠은 극히 짧은 시간 주무시며 그것도 앉은 채로 잠시 졸고 마는 일이 많았다 한다. 항상 두 무릎을 꿇어 단좌端坐하되 오직 식사 때에만 평좌平坐하였다. 상床을 받으면 두 손으로 약간 짚은 듯이 가볍게 대고 잠시 묵념한 후 상 위를 살핀 뒤에 서서히 수저를 들었으며, 만일에 제사음식인 경우에는 특별히 치경致敬을 하고 잡수셨다 한다. 식사는 늘 소량만을 드시고 공자와 같이 생강生薑을 끊지 않았다 한다. 술은 적구滴口도 못하며 그 대신 담배는 많이 피웠다 한다. 출행 시에 담뱃대와 갓모는 휴대품이었으며, 식성으로는 떡(특히 호박떡)을 즐기시고 육식은 하시되 궁리에 과過히고 피로하시면 구육식보狗肉食補하였다 한다. … 일상생활에서 영가詠歌를 끊지 않으시고 평일에도 구불절음口不絶吟하시며 손은 항상 무엇

김일부선생 묘소

김일부선생 묘소 전경

일부 김항선생 기념관 | 묘소에서 50m 아래부근에 있다.

인가를 따지노라 굴신屈伸을 쉬지 않았다."[18]

　아들 김두현은 아버지 3년 탈상脫喪이 지난 스물 네 살 때인 1902년에 회덕 송씨에 장가들었다. 그리고 아버지(김일부)가 별세한 지 11년째 되던 해에 민씨 부인이 돌아가자 김일부선생의 묘에 합폄合窆하고, 다시 5년 뒤에 박씨 부인마저 돌아가자 일부선생 묘소좌록墓所左麓에 모셨다.

---

[18] 이정호, 「在世의 一夫先生」『정역과 일부』(서울: 아세아문화사, 1985), 313-315쪽.

2. 연담선생과 남학, 그리고 김일부

연담淵潭 선생과의 만남

김일부가 태어난 연산은 예향禮鄕의 고장이다. 예학禮學의 대가였던 사계沙溪 김장생金長生(1548~1631)과 그의 아들 신독재愼獨齋 김집金集(1574~1656)이 바로 김일부의 혈족이었다.

그는 가문의 전통에 따라 젊어서부터 예학과 문장학을 배우고 익히기에 열중했다. 35세 때까지는 여느 선비처럼 시 짓기와 성리학 연구에 침잠했으나, 옆 동네로 이사 온 연담淵潭 이운규李雲奎를 스승으로 모시고부터는 인생의 전환기를 맞는다. 김일부가 연담을 만나기 이전에는 유교의 전통적 글 읽기에 집중했다면, 연담을 만나면서부터 구도求道의 목표가 확정된 36세 이후는 끊임없는 공부와 사색을 거쳐 『정역』이 완성되는 시기라고 할 수 있다.

이운규의 본명은 수증守曾이고, 본관은 전주全州이며 호는 연담蓮潭이다. 그는 담양군潭陽君(세종대왕의 아들)의 13세손世孫으로

1804년에 태어났다. 담양군파 족보를 보면, 그의 나이 55세에 때인 1855년 문과급제文科及第한 기록이 있다. 그는 한양에서 높은 관직에 올라 흥선대원군과도 친밀했으나, 국운의 쇠퇴를 미리 알고 충청도 연산 땅 띠울에 은거했다고 한다. 가족 사항으로는 맏아들 용래龍來(본명은 헌채憲采, 호는 부련夫蓮)과 둘째아들 용신龍信(본명은 원채原采, 호는 일수一守)[19]이 있다.

---

19 ① 이강오,「南學系 總論」『韓國新興宗教總鑑』(서울: 대흥기획, 1992), 150쪽. "一守는 夫蓮(연담의 큰 아들인 李龍來)의 아우며 연담의 아들이요 일부의 처랑이다. 光華가 夫蓮 형제에게 수교한 것이 곧 연담선생의 남학 도맥을 承受한 것이 된다. 그러므로 光華教의 연담론에는 蓮潭을 1세 교주, 2세는 夫蓮, 3세는 一守, 4세를 金光華로 삼았다."(앞의 책, 172쪽) ② 이정호는 "연담의 第二子(실은 三子), 復來(호 一守)는 一夫(閔氏夫人 所生)의 女壻"(이정호,『정역연구』, 200쪽)라고 말하여 이강오와 견해를 달리 한다. 문헌을 낱낱이 뒤지고

연담선생의 거주지|
충청남도 논산시 양촌면 모촌리(띠울마을)

그는 과거시험에 급제한 경력으로 보면 유교적 소양이 매우 깊었으며, 연산 땅 띠울로 이사하기 전부터 다양한 분야에 관심이 많았던 것으로 보인다. 연담은 이덕무李德懋(1741~1793), 유득공柳得恭(1749~1807), 박제가朴齊家(1750~1805)와 더불어 한학漢學의 대가로 불리는 이서구李書九(1754~1825)의 학통을 이어받아 천문, 역산, 역학, 시문에 능통하고 관상보기와 술수에도 뛰어났다고 한다.[20]

한국종교사에서 볼 때, 연담은 그 행적이 잘 알려지지 않은 수수께끼의 인물이다. 현재 띠울에서 거주하면서 농사를 짓고 있는 김대수金大洙는 연담에 대해 오래 전부터 촌노村老들에게서 들어서 알고 있는 얘기를 전하고 있다. 신이한 이야기는 연담이 도술에 능통하여 사람을 귀찮게 하는 모기와 파리를 한 곳으로 모아 젓가락으로 잡았으며, 주문을 외우면서 알 수 없는 이적을 행했다는 것들이다.

수운水雲 최제우崔濟愚가 동학東學을 창도했다면, 연담은 남학南學의 창시자로 알려져 있다. 김일부는 젊은 시절에 연담을 스승으로 모셨다. 그렇다고 해서 김일부가 남학을 이어 교주가 되었다고 말할 수 있을까?

이능화李能和(1869~1943)를 비롯한 종교 연구가들은 한말韓末에 홍

발로 뛴 이강오 보다는 실제로 김일부의 셋째 딸과 친인척으로부터 직접 듣고 기록한 이정호의 견해가 옳은 것 같다.
20 이정호, 『정역연구』(서울: 국제대학출판부, 1983), 199쪽 참조.

기했던 여러 종교 중에서 김일부를 남학의 2세 교주로 손꼽았다.

"서학은 기독교요, 동학은 천도교요, 소위 남학은 영가무도교詠歌舞蹈教 혹은 대종교大宗敎라고도 한다. 대략 동학과 동시에 호서湖西- 충청도忠淸道에서 시작하여 이운규가 제1세 교주가 되고, 김항이 제2세 교주가 되고, 권일청權一淸이 제3세 교주가 되었다. 그 다음으로는 신도 김정현金貞鉉, 하상역河相易, 염명廉明 등 몇 사람이 있었다. 이 교에는 오음정의五音正義 및 정역正易 등의 책이 있으니, 자칭 유불선을 통합하여 그 종교의 취지를 만든 것이다."[21]

이강오李康五 역시 연담이 곧 남학의 창시자라고 주장한다. 더 나아가 그는 『정역』과 오음주五吟呪, 영가무도의 교리는 이운규에 의해 도출되어 남학으로 불렸다고 지적하였다. 이운규가 창도한 남학이 뒤에 10여개의 분파를 이루었지만, 크게는 그의 2대 제자인 김일부계와 김치인金致寅(호는 광화光華)계로 나뉜다. 이들은 모두 이운규가 제시한 『정역』의 이법과 오음주송五吟呪頌을 중시 여겼다. 특히 김일부는 『정역』의 교리를 유교의 측면에서 자신의 교단을 '무극대도' 또는 '대종교'라 명칭을 했으며, 김치인은 불교의 측면에서 자신의 교단을 '오방불교五方佛教' 또는 동학에 맞서는 '남학'이라 불렀다는 것이다.[22]

---

21 李能和 輯述/李種殷 譯注,『韓國道教史』(서울: 보성문화사, 2000), 334쪽.
22 이강오, 앞의 책, 146-147쪽 참조.

이강오의 견해는 이능화의 주장과는 다르다. 김일부가 세웠다는 무극대도(대종교)를 연담이 세운 남학의 노선과 다르기 때문에 남학 계열에서 제외한 것은 옳다. 그럼에도 이능화를 들먹이면서 정역사상과 영가무도교의 교리가 이운규에 의해 도출되었고, 김일부 스스로가 무극대도의 교주가 되었다고 규정한 점은 심각한 오류임이 분명하다. 왜냐하면 김일부 스스로가 무극대도의 교주가 되었다고 한 번도 말한 적이 없으며, 남학에 참여했다는 기록 또는 어떤 증언도 없기 때문이다.

김일부의 화두, '영동천심월影動天心月'

연담은 역학易學에 대한 탁월한 전문가였다. 그래서 우주와 인생의 신비, 궁극의 도道를 구하고자 갈망했던 수도자들이 자주 방문했을 것으로 짐작된다. 연담의 명망 때문일까. 어쨌든 김일부는 이웃마을에 사는 연담을 찾아가 배움을 청했다. 평생 고향 땅을 크게 벗어나지 않았던 김일부는 스승과의 만남을 통해 학문의 극적인 전환기를 맞는다.

연담은 김일부에게 유교의 소중한 경전인 『서경』과 『주역』을 많이 읽으면 새로운 진리를 발견할 수 있다고 말하면서 『서경』에 나타난 역법 성립의 대목을 주의 깊게 읽을 것을 권고했다. 이에 힘입은 김일부는 『서경』과 『주역』을 반복하여 읽은 결과, 전통으로 답습해온 주역의 사상과는 차별화된 선후천 전환의 새로운 우주관을 수립하게 된 동기를 다음과 같이 술회하고 있다.

"내 나이 36세에 처음으로 연담 선생님을 쫓으니, 선생께서는 '관벽'이란 호 두 자를 내려주시면서 시 한 수를 읊어주셨다. 맑음을 보는 것은 물보다 좋은 것이 없고, 덕을 좋아함은 인을 행하는 것이 마땅하다. 달그림자가 천심월에서 움직이니, 그대에게 권하건대 이 진리를 찾아보시게나."[23]

연담은 훗날을 기약하며 아들이 사는 전라도 용담龍潭으로 떠났고, 김일부는 36세 이후부터 19년 동안 용맹전진을 거듭했다. 이후 54세(1879년)에 이르러 마침내 스승이 남긴 '영동천심월影動天心月'의 화두를 깨닫게 된다.

'영동천심월'은 무엇을 말하는 것일까. 이 말의 수수께끼는 태양의 운행과 직결된 '달' 변화에 숨겨져 있다. 한마디로 말해서 선천의 16일이 후천 초하루가 되는 것이 바로 '영동천심월'의 핵심이다.

'영동천심월'은 선후천의 전도를 뜻한다. 다시 말해서 선천의 무진戊辰(무술戊戌) 초하루가 후천에는 계미癸未(계축癸丑)가 초하

---

[23] "余年三十六, 始從淵潭李先生, 先生賜號二字曰觀碧, 賜詩一節曰 觀淡莫如水, 好德宜行仁. 影動天心月, 勸君尋此眞."(『정역正易』「십오일언十五一言」 "선후천주회도수先后天周回度數)

루로 되는데, 그 이치를 달그림자의 이동현상으로 말한 것이다. 선천에는 무진(무술)을 첫날로 삼았기 때문에 16일은 후천의 첫 날에 해당되며, 계미(계축)를 후천의 초하루(朔)로 할 경우에는 선천의 무진(무술) 초하루는 후천의 16일이 되는 것이다. 이처럼 삭망朔望 15일이 뒤바뀜을 선후천의 전도(影動天心月)라 하는 것이다.

1	2	3	4	5	6	7	8	9	10	11	12	13	14	15
戊	己	庚	辛	壬	癸	甲	乙	丙	丁	戊	己	庚	辛	壬
辰	巳	午	未	申	酉	戌	亥	子	丑	寅	卯	辰	巳	午

선천은 무진戊辰에서 달을 일으켜 15일 임오壬午에 이르러 보름달이 되므로 천심월天心月이라 하며, 후천은 선천의 16일이 초하루가 되어 15일 후에는 황심皇心(선천의 30일)에 이르게 되므로 황심월皇心月이라 부른다. 한 달을 중심으로 보면 선천 보름의 다음 날이 바로 후천 초하루가 된다. 다시 말해서 황중월皇中月[24]이 자라서 황심월皇心月이 되는 것이다.[25] 왜냐하면 십간십이지十干十二支의 원리에서 볼 때, 선천의 시작점이 자판子板(= 갑자甲子)이

---

24 여기서의 中은 '가운데(middle)'가 아니라 '새로운 중심축(new center or core)'이라는 뜻이다.

25 ① 『정역』「십오일언」"화무상제언화无上帝言", "復上起月當天心, 皇中起月當皇心, 敢將多辭古人月, 幾度復上當天心." ② '己甲夜半에 生癸亥'의 원칙에 의해 戊辰 天心月은 皇中月로 그 그림자를 움직여 癸未 초하루가 된다. 왜냐하면 '乾元用九'의 자리가 곧 癸亥이며, '用六'은 戊辰에서 시작하여 보름은 壬午가 되며, 16일은 癸未가 된다. 여기에 선천의 16일이 후천의 초하루가 되는 이치가 담겨 있다.

라면, 이것이 뒤바뀌면 후천의 시작점은 축판丑板(= 기'축'己'丑')으로 성립하기 때문이다.[26]

이처럼 해와 달의 변화에 대한 복잡한 이론들을 종합하여 내놓은 결과가 바로 정역팔괘도이다. 그 과정에서 천지는 선천의 '갑기甲己' 질서에서 후천의 '기갑己甲' 질서로 바뀌며,[27] 일월은 삭망晦朔의 전도로 말미암아 선천의 16일이 후천의 초하루로 바뀌며(한 달로는 보름이 초하루가 되는 望變爲朔^{망변위삭}), 1년을 이루는 365¼일에서 시간의 꼬리(5¼일)가 없는 무윤역无閏曆(360일)의 세계로 바뀐다. 이를 김일부가 읽어낸 것은 우주의 신비[28]에 대한 위대한 쾌거였다.

'영동천심월'은 1년 365¼일의 윤역閏曆이 1년 360일의 정역正曆으로 바뀌어 음력과 양력이 하나로 통일되는 후천을 예고하는

---

26 『도전』 2:144:4, "후천은 축판丑板이니라." 김일부는 선천에 子午卯酉를 중심으로 운행하던 것이 후천에는 辰戌丑未의 중심축으로 전환하는 이치를 밝혀내었다.

27 선천은 낙서9궁이 작용하기 때문에 10數가 尊空되었지만, 후천은 天干의 己土 10무극이 친정(己位親政)하므로 선천의 중심축인 戊土는 尊空退位한다. "아아! 축궁이 왕성한 기운을 얻으니 자궁은 자리를 물러가는도다(嗚呼라 丑宮得旺하니 子宮退位로다)"라고 하여 후천 생명의 아기집이 자궁에서 축궁으로 바뀌는 과정을 설명하였다. 후천은 '해'자축인'묘'의 5元運動을 하므로 '己甲夜半에 生癸亥'의 이치에 따라 '卯月歲首'를 쓸 수밖에 없는 것이다.

28 바이러스의 발견이 생물권의 미시적 접근이라면, 김일부는 430 光年을 넘나드는 北極星 중심(北斗七星은 78~123 光年)의 생명권 전체를 대상으로 삼았다.

내용이다. 이는 선천에서 통용되던 태음태양력의 달력은 번거러워서 쓸모가 없고, 대신에 1년 360일에 꼭 들어맞는 후천의 새로운 달력이 이 세상에 나타날 것을 의미한다.

360일을 1년으로 삼는 새로운 달력은 대자연의 질서가 '크게 바뀐다(大易^{대역})'는 선후천 변화를 뜻한다. 선후천 변화는 일월의 변화로 나타나며, 일월의 변화가 바로 역수변화曆數變化(시간의 질적 변화)이며, 역수의 변화는 음양의 구조적 변화(선천의 三天兩地^{삼천양지}에서 후천의 三地兩天^{삼지양천}으로)에 의거하여 이루어진다. 이처럼 스승이 남긴 '영동천심월'에서 힌트를 얻어 시간질서의 전환 과정을 다양한 방법으로 논증한 체계가 바로 정역사상이다.

김일부는 『정역』을 저술한 이후부터는 제자 양성에 온 힘을 기

국사봉 전경

울이게 된다. 1893년(癸巳) 2월에 김일부는 연산 인근의 다오개(茶梧峴)에서 국사봉으로 거처를 옮겼다. 그 당시 국사봉에 출입하면서 김일부에게 직접 배운 사람들은 대부분 재야 출신이었고, 관료층 제자는 드물었다.

스승으로부터 사상을 배운 후학들이 이후에 책을 저술했거나 정역계에 업적을 남긴 인물을 소개하면 다음과 같다. 김황현金黃鉉,[29] 김홍현金洪鉉,[30] 김정현金貞鉉,[31] 권종하權鍾夏,[32] 이상룡李象龍,[33] 이영태李永泰,[34] 하상역河相易,[35] 최종열崔宗烈,[36] 김영곤金永坤,[37] 민영태閔泳台 등이 스승을 섬기는데 정성을 다했다.

---

[29] 호는 明泉이고, 저서로 「一夫先生行狀記」가 있다.

[30] 호는 德堂이고 학문에는 어두웠으나, 手指度數에 밝아『정역』을 후대에 알린 큰 공덕이 있다.

[31] 호는 元夫이고 저서로는『正易註義』와「斯道趣旨文」이 있다.

[32] 호는 一淸이고 詠歌舞蹈를 직접 스승인 김일부에게 배웠다고 전한다.

[33] 충청도 청양 출신으로 호는 十淸이다. 성리학의 입장에서 김일부의 생존 시에『正易原義』라는 해설서를 출간하였다.

[34] 글씨를 잘 썼으며, 전라도 진안에서 무극대종교의 종교화와 조직화에 깊이 관여했다.

[35] 하상역의 호는 貫夫(心夫)이며, 정역계에 가장 늦게 입문했다. 그는 학술보다는 윷말판과 영가무도의 전파에 힘썼고 나중에는 서울에서 大宗敎를 세워 전국적인 조직으로 활성화시키려 노력했다. 특히 정역 주석서가 그의 이름을 통해 발간된 점에서 볼 때, 조직력과 자금 동원능력이 뛰어났다고 할 수 있다.

[36] 김일부의 戚分이자 제자로서 호는 明善이다. 스승을 물심양면에서 도왔다.

[37] 국사봉과 가까운 충청남도 두마면 출신으로 호는 淸灘이다. 그는 윷말판에 밝았고 영가무도를 朴相和(『正易과 韓國』을 비롯한 영가무도 관련 책을 다수 저술함)에 전했고, 박상화는 李愛珠에게 전하였다.

김일부를 추종했던 사람들의 변모를 살펴보면 크게 두 가지 양상으로 나뉜다. 하나는 『정역』을 학술적으로 연구하는 인사와 다른 하나는 학술보다는 영가무도에 심취하거나 정역사상을 종교에 접목시켜 직접 종교 활동에 뛰어들어 활동한 사람들이 많았다.[38]

1895년에는 딸의 남편이 죽임을 당하는 불행한 사건이 일어났다. 즉 사위이자 연담의 아들인 이복래가 남학운동南學運動에 연루되어 전주全州에서 처형당했던 것이다.[39] 그러나 김일부는 가정사의 불운을 겪으면서도 학문에 대한 열정은 식지 않았고, 도리어 충청남도 계룡시 소재 국사봉을 중심으로 후학들을 가르치기에 더욱 힘썼다. 당시의 국사봉은 선후천에 대한 담론이 활짝 꽃핀 문화 살롱이었다. 용龍과 거북이(龜) 형상을 띤 신비스런 바위

---

38 영가무도파와 종교파는 구분하기 힘들 정도로 가까웠다.

39 ① "남학운동의 거사가 비록 光華 등의 선도로 미수에 그쳤지만, 남학의 교리 신행이 東學하고 유사한 점이 있는데다가 거사모의가 있었다는 사실 때문에 官의 혐의를 받게 되었다. 1895년 봄에 관군은 교주 一守와 光華 및 교도 6명을 체포하여 동 4월 6일 全州 西門 밖에서 砲殺하였다."(이강오, 앞의 책, 175쪽) ② "남학과 동학은 아주 가까운 관계가 있는 종교였다. 그리고 남학이란 동학과 필적하는 이단의 종교로 그 존재는 1895년 3월 10일에 나온 내무아문 훈시 제9조에 '동학과 남학이란 이름을 각별히 금지할 것'이라고 명시된 점에서 분명하게 드러난다. … 남학이 당국의 탄압을 받았다는 사실은 黃玹의 기록에서도 확인된다. 전라감사 李道宰가 鎭安縣에서 10명의 佛學邪黨 = 남학도를 체포하여 전주로 이송해서 참형에 처했다고 한 기록이 그것이다."(조경달 지음/박맹수 옮김, 『이단의 민중반란』, 역사비평사, 2008, 400쪽 참조) 조경달은 주로 이강오의 견해를 참고하여 남학이 창시된 시점을 동학이 창시될 무렵으로 보았다.

가 움크리고 있는 국사봉은 『정역』 강론의 공간이자 영가무도의 수련장이었다.

이밖에도 충청도와 전라도 지방에서 김일부를 흠모한 사람들이 자주 국사봉에 드나들었다는 얘기가 있으나, 그들의 생몰 년대와 이름에 관해서는 정확한 기록이 남아 있지 않다. 다만 불교인으로서 김일부의 업적을 흠모하여 찬양가讚揚歌를 지은 염명廉明[40]이 유명하다.

정역사상이 전해지는 과정

김일부의 사후 얼마 동안은 정역사상을 연구하는 뚜렷한 학술활동이 전개되지 못했다. 하지만 종교에 관심을 갖고 있었던 사람들은 정역의 사상을 연구하기도 했다.

선후천 변화의 역도를 밝힌 정역사상은 어떻게 학술활동의 길로 접어들게 됐을까. 여기에는 정말 기막힌 사연이 얽혀 있다. 1923년(癸亥)에 돈암서원遯巖書院에서는 김장생과 김집 부자의 책을 발간하기 위한 대규모 편찬사업을 기획하였다. 그 과정에서 여분의 목판木板이 남아돌게 되었다. 이에 당시의 유림儒林들은 2차 작업으로 『정역』을 판각板刻하기로 결정했고, 이로부터 드디

---

40 하상역의 門人으로서 직업은 승려였으며 문장력이 뛰어났다. 저술로는 『正易明義』와 「一夫宗師讚揚歌」 등이 있다.

어 계해본癸亥本[41] 『정역』이 출판되었던 것이다.

누천년 동안 역학의 시금석으로 알려진 『주역』의 한계를 극복하여 나온 『정역』이 책자로 출간되었을지라도 이를 깊이 연구하는 학자들은 거의 없었다. 정역에 담겨 있는 내용이 너무도 난해해서 그러했는지도 모른다. 아무튼 정역사상은 무관심 속에서 오랜 공백기를 갖다가 6·25 동란 이후 관심 있는 인사들이 다시 국사봉에 모여들면서 제2의 부흥기를 맞는다. 주로 『정역』과 관련된 담론이 활발하게 이루어진 것은 1950년대 말기에서 1960년대 초기였다.[42]

이때는 정역사상의 대중화와 현대화를 위한 기초가 마련된 시기라 불러도 좋을 정도로 논의가 활발하게 이루어졌고, 학자를 비롯하여 각양각색의 분야에서 종사하던 사람들이 국사봉으로 계속 몰려들었다. 당시 국사봉파를 앞장서서 이끌었던 인물은 이정호李正浩(1913~2004)였다.

이정호가 정역 사상계에 몸담게 된 배경에 얽힌 흥미 있는 얘기

---

41 이 '계해본' 판각은 지금 후손댁에 보관되어 있다.
42 하루는 명리학에 밝았던 경상도 마산 출신의 李海雲이 국사봉을 방문한 적이 있었다. 그는 국사봉에서 진행된 얘기들, 즉 개벽이 되면 북극의 얼음이 녹아 일본은 바닷물로 들어가고, 미국과 한국은 '艮兌合德'의 형국을 이룬다는 미래사에 관한 언급들을 鎭岑 慈光寺에 머물던 탄허스님(1913-1983)에게 전했다는 증인이 있다.

돈암서원 전경(위)
돈암서원 장경각(아래)

가 있다. 이정호와 그의 스승인 덕당德堂 김홍현金洪鉉(1863~?)[43]의 만남 자체가 매우 신비롭다.

덕당은 누구인가. 그는 김일부의 수제자였다. 그것은 공자孔子의 비서실장에 오른 자로子路의 입지와 아주 유사하다. 자로는 그다지 학식이 높지 않음에도 공자가 그를 측근에 둔 까닭은 충직한 심성 때문이었다. 그러나 덕당은 일자무식꾼이다. 그런데도 그가 수제자라 할 수 있는 까닭은 무엇인가.

김일부는 『정역』을 완성한 뒤에도 정역 자체보다는 선후천변화의 열쇠에 해당되는 『주역』 건곤괘乾坤卦를 비롯하여 「계사전」 상편 9장과 10장 및 산풍고괘山風蠱卦의 선갑후갑先甲後甲 이론과 중풍손괘重風巽卦의 선경후경先庚後庚 이론 및 풍지관괘風地觀卦의 '신의 뜻을 가르침의 종지로 삼는다(神道設教)'는 테마를 중심으로 제자들을 양성했다. 그 중에서도 글자를 거의 알지 못했던 덕당에게만 오직 수지도수手指度數로 정역사상의 핵심을 세심히 가르쳤다.

수지도수는 손가락 열 개로 선후천변화가 일어나는 이유와 과

---

43 德堂 사형제는 모두 김일부의 문인이다. 이들 金黃鉉(1856~?: 호는 明泉), 김방현(1860~?: 호는 龜連), 金洪鉉, 金圭鉉(1867~?: 호는 聲石) 형제 중에서 첫째는 「一夫先生行狀記」를 남겼고, 둘째는 『正易註義』와 「斯道趣旨文」를 남겼을 정도로 글공부에 뛰어났으나, 덕당과 막내동생은 아무런 글을 남기지 못했다. 덕당이 국사봉에서 일부선생과 같이 공부하던 同學을 극진히 봉양했기 때문에 후인들이 '덕당'이란 호를 붙여 주었다.

정을 밝히는 정역사상의 독특한 방법론이다. 김일부는 고전에 무지했던 덕당을 밤에 불러 손가락으로 도수 맞추는 방법을 가르치는 친절을 베풀었다. 스승은 제자의 손가락 움직임이 맞는지 틀리는지를 어두운 밤에 제자의 손을 직접 만지면서 꼼꼼히 살폈다. 날이 갈수록 수지도수 치는 것에 능숙해지는 것을 본 스승은 "네가 이게 웬일이냐!"라고 말하면서 칭찬을 아끼지 않았던 것이다.

덕당이 일정한 수준에 오른 것을 확인한 김일부는 "깊이 간직하였다가 30년 후에 머리 깎은 사람이 오거든 네가 선생노릇 하라"고 분부하였다. 그렇게 30년이 흘렀다. 1928년 어느 날 밀양密陽 사람 손구전孫九銓이라는 구도자가 덕당을 찾아 왔다. 손구전은 덕당에게 꿈 이야기부터 털어놓았다. 꿈에 충청도 연산땅과 함께 얼굴이 거북이 형태인 사람이 보이는 신비스런 경험을 했다는 것이다.

손구전은 덕당을 만나자마자 꿈에 나타났던 인물이 바로 덕당이었다고 말했다. 덕당도 처음에는 손구전을 스승이 예고한 제자로 착각한 적도 있었다.[44] 아마도 30년의 세월이 너무도 길었기 때문일 것이다. 하지만 손구전은 정역사상을 진지하게 추구하려는 의지가 없었던 것으로 짐작된다. 덕당에게 참다운 제자가 생기기까지는 오랜 세월이 더 걸렸다.

---

[44] 덕당과 손구전의 만남에 대한 증언은 2013년 2월 대전시 중구 무수동의 권영원에게서 들은 바를 수록한 것임.

1945년 해방 이후에 마침내 덕당은 이정호라는 제자다운 제자를 만났던 것이다. 이정호는 덕당에게서 수지도수를 중심으로 『정역』의 핵심을 하나도 빠짐없이 배웠다. 그는 "(일부)선생의 허다한 문인제자 가운데 정역의 도수를 아는 이는 오직 덕당 한 분으로서, 만약 덕당의 무식과 충직이 아니었던들 선생의 정역도수正易度數와 황극원리皇極原理는 거의 쉬었을지도 모를 일이다."[45] 라고 덕당의 공로를 높게 평가하였다.

이정호는 덕당에게서 배운 것을 기초로 정역사상에 관심있는 사람들을 국사봉에 모으기 시작했다. 국사봉 모임에 참여한 사람은 이정호李正浩를 중심으로 한장경韓長庚, 이용희李龍熙, 김근수金近洙, 백문섭白紋燮, 류승국柳承國, 정성장鄭聖章, 육종철陸鍾澈, 유남상柳南相, 권영원權寧遠 강병석姜炳錫 등과 뒤늦게 출입하기 시작한 한동석韓東錫이 있다. 이들이 남긴 업적과 활약상을 정리하면 다음과 같다.

이름	출생년도	생애와 저술활동
한장경	1896~1967	함경노 힘흥 출신으로 호는 三和로 말년에는 충남대 도서관에서 근무했다. 권영원과 함께 『磻溪隨錄』을 공동번역했으며, 『易學原論』과 『周易·正易』을 저술하였다.

---

45 이정호, 『정역연구』(서울: 국제대학출판부, 1983), 212-213쪽 참조.

이름	출생년도	생애와 저술활동
이용희	?~?	충청도 부여가 고향이며, 한때는 대학에서 시간강사로 일했으며, 漢詩에 뛰어났다고 전한다.
김근수	?~?	충청도 연산이 고향으로 김일부의 먼 친척이다. 초등학교 교사로 정년퇴임했다.
이정호	1913~2004	덕당 김홍현의 제자로서 호는 鶴山이다. 김일부 이래 정역사상의 기초와 전파에 힘쓴 최고의 학자로 손꼽히고 있다. 저술로는 『正易硏究』, 『正易과 一夫』, 『第3의 易學』, 『學易纂言』, 『周易正義』, 『훈민정음의 구조원리』, 『周易字句索引』과 주옥같은 수많은 논문이 있다.
백문섭	1913~1995	후덕한 인품으로 널리 알려졌으며, 호는 觀樹이다. 젊어서부터 명리에 뛰어난 義山 金守業(이정호박사를 정역계에 입문시켰고, 향적산방의 학자들에게 물심양면으로 많은 도움을 주었다)을 보좌하면서 정역 공부에 심취하였다. 成均館 典儀와 正易會 상임고문을 역임했으며, 저서로는 『정역연구의 기초』가 있다
류승국	1923~2011	충청북도 청원 출신으로 충남대와 성균관대 교수를 거쳐 한국정신문화연구원장을 역임했으며, 젊어서는 정역을 공부했다. 이정호의 아들과 동서지간이다.
정성장	?~?	치과의사로서 나중에 미국으로 이민갔다.
육종철	1926~현재	경북 선산 출신으로 한국 최초로 원자력 공학 박사 학위를 취득하여 충남대와 한양대 교수를 역임했다. 그는 기독교 신앙인의 입장에서 정역사상을 풀이한 『東과 西』라는 책을 펴냈다.

이름	출생년도	생애와 저술활동
유남상	1927~현재	강원도 출신으로 호는 觀中이다. 이정호에게 배운 다음, 충남대 교수로 재직하면서 평생을 정역연구에 몸을 바쳤다. 특히 '曆數'와 '聖統' 및 河圖洛書를 중심으로 正易史의 한 페이지를 그은 학자이다. 저술로는 『周·正易合經編』과 정역사상 관련의 논문이 수두룩하며, 많은 제자들을 양성했다.
권영원	1928~현재	대전 출생(호는 三正)으로 이정호에게 정역을 배웠고, 漢詩에 능한 재야학자이다. 저술로는 『正易句解』와 『正易과 天文曆』이 있고, 또한 훈민정음 관련 연구서 등이 있다. 특히 동양 천문학에 대한 해박한 지식을 정역사상과 접목시켜 독자적인 성과를 이뤘다.
한동석	1911~1968	한동석은 『黃帝內經』을 萬讀한 한의사로서 韓長庚의 소개로 국사봉에 처음으로 들어와 정역공부에 흠뻑 빠진 것으로 알려져 있다. 그의 『우주변화의 원리』는 정역사상에 관한 한 불세출의 걸작품이다. 한동석은 학계에서 활약한 이정호와 더불어 쌍벽을 이뤘다고 평가할 수 있다.

 이들 중에서 이정호, 유남상, 백문섭白紋燮, 신동호申東浩, 성주탁成周鐸, 김길락金吉洛 등의 핵심 인사들이 정역사상에 대한 학술연구를 목적으로 대전 대사동에 본부를 둔 정경학회正經學會를 결성하였다. 정경학회 회원들은 1966년에 인쇄본 『성역』을 처음으로 발간하는 성과를 거두었다. 지금은 김일부 3세대와 4세대의 후학들이 학계와 종교계에서 연구물들을 발표하여 정역사상의 대중회의 길에 이바지하고 있다.

① 국사봉 향적산방 |
김일부선생이 제자들을 가르치던 집. 원 안이 일부선생이 주거한 방으로 북쪽으로 난 들창문과 등이 굽은 나무로 만든 대들보가 매우 정겹다. 옛날 그대로의 방 모습에서 일부선생의 숨결을 느낄 수 있다.

② 이정호박사가 공부했던 집

③ 송철화부부의 묘 |
영가무도의 정진에 모범을 보였던 송철희는 향적산방에서 공부하던 사람들의 뒷바라지에 힘썼다. 묘는 향적산방 근처에 있다.

거북바위(위)
용바위(아래)

3. 선각자의 삶

김일부가 태어나고 자란 충청도 양촌 땅 오도산 앞에는 예로부터 남녀노소가 천렵川獵을 즐기던 인내 강이 흐르고 있다. 오도산 옆구리를 끼고 돌면 연담선생蓮潭先生이 서울에서 낙향하여 은거했던 띠울(茅村^{모촌})마을이 있다. 김일부는 연담을 스승으로 모셨다. 연담의 눈에 비친 김일부의 인품은 어떠했을까. 이에 대해 연담은 그의 인품을 다음과 같이 말하고 있다.

"도산 아래 인내 강변의 북쪽에 한 선비가 있는데, 그가 바로 유학자라. 호를 관벽이라 하는데, 사람 됨됨이가 꾸밈이 없고 진실하여 비록 속세에서 멀어 숨어 사는 것(隱微^{은미})에 가깝지만 그 가운데서 또한 도를 즐기고 있다."[46]

김일부는 속세와 인연을 끊고 자연을 벗삼아 살았던 은둔형 학자가 아니다. 그렇다고 세속적 가치에 물든 속물 선비도 아니다.

---

[46] 이는 金黃鉉이 지은 「金一夫先生行狀」에 나온다. "道山之下, 仁溪之北, 人有一士, 斯之儒, 觀碧. 爲人朴實, 雖遠於俗, 不遠乎隱微, 樂亦在其中也."

속세와는 초연한 경계에서 물질의 유혹에 오염되지 않은, 심성이 맑고 고운 구도자라 함이 옳을 것이다.

김일부의 집안은 처절하게 가난했다. 하지만 구도자 정신을 가진 그는 학문에 대한 열정만큼은 대단했다. 학문에 대한 열정은 아마 가난을 견딜 수 있는 힘이었을 것이다. 역설적이게도 그는 가난을 벗어나려고 몸부림치지는 않았다는 것이다. 도리어 그는 가난을 삶의 동반자로 여기는 여유를 보였다.

경제적으로 아무리 가난했을지라도 그의 마음은 진리의 부자로 살았다. 증언에 따르면, 한겨울의 추위가 맹위를 떨치는 날이었다. 그의 아내가 다 닳아버린 버선발에 짚신을 신은 채 바가지를 들고 어딘가를 향해 진흙탕 길을 걷는 모습이 동네사람들에게 목격되었다. 아마도 쌀 구하러 가는 길이었을 것이다. 하지만 가족의 생계를 책임진 김일부는 가난에 개의치 않았다. 학문을 좋아하고 즐기는 마음이 부자였기 때문이다. 구도자로서 행하는 영가무도詠歌舞蹈의 수련과 학자로서 쌓아야 하는 학문은 그에게 가난과 고독한 삶의 탈출구였을지도 모른다.

김일부가 지향했던 학문의 목표는 진정한 소통疏通이었다. 소통의 반대는 불통不通이다. 불통은 어디에서 비롯하는가. 그것은 자연으로부터의 소외疏外, 문명으로부터의 소외, 인간 자신으로부터의 소외에서 유래한다. 소외의 궁극적인 원천은 어디에 있는

가. 그것을 김일부는 자연 자체에서 비롯된다고 보았다. 자연은 인간과 문명, 만유의 생명이 자리하는 터전이 되기 때문이다. 그래서 그는 그 해결책을 가장 먼저 자연에 대한 학문 사이에 존재하는 단절 혹은 거리감에서 찾았다. 이를 바탕으로 하여 그는 불교와 유교와 선교가 각각 빚어내는 불통으로부터 해방된 진정한 소통을 겨냥했던 것이다.[47]

그는 학문 간의 괴리를 타파하고, 불교의 용화세상龍華世上, 개인의 도덕적 가치가 사회적으로 구현된 유교의 대동사회大同社會, 선교의 조화선경造化仙境을 하나로 통합하는 거대한 프로젝트를 구상하였다. 그것은 가상의 세계 또는 서책 속에서만 통용되는 얘기만은 아니었다. 그는 실제적으로 유불선 통합의 길을 모색했던 것이다.[48] 그 일환으로 현실과 이상이 융회融會된 삶의 측면에서 탈성리학脫性理學의 자세를 읊은 시가 있다.

"수많은 도도하기 짝이 없는 선비님들아. 한 곡조 내 방랑 음을 들으시라. 서경 읽고 주역을 배우는 것은 선천의 일이요, 이치를 궁구하고 수신하는 것은 후천사람 누구인고. … 육십 평생을 미쳐 지낸 한 사내는 스스로가 웃고 남이 웃으니 늘 웃음이

---

47 김일부는 律呂(숨겨진 질서)와 政令(드러난 질서)이라는 새로운 논리를 개발하여 숨겨진 질서(존재론)와 드러난 질서(생성론)의 통합 가능성을 검증하였다.

48 『정역』「십오일언」"무위시无位詩", "道乃分三理自然이니 斯儒斯佛又斯仙을 誰識一夫眞踏此오 无人則守有人傳을"

많구나. 웃음 속에 웃음 있으니 무슨 웃음을 웃는고. 그 웃음을 잘 웃으며 웃고 노래하도다."[49]

이 시의 핵심은 유교의 사서삼경四書三經이 가르치는 덕목을 자신의 주인으로 삼았던 유학자들을 비꼰 대목에 있다. 품위가 철철 넘쳐흐르도록 도포자락을 휘날리며 거드름피우는 고집불통의 선비들을 조롱하는 시이다. 「구구음九九吟」은 선천의 낡은 세계관에 얽매인 선비들의 비웃음을 향해 깨달음의 웃음으로 화답한 회한懷恨의 노래였다.

김일부는 스스로를 광인狂人, 즉 괴짜선비라 자처했다. 그래서였을까. 기존의 관념에 포로가 되어 시대의 흐름에 뒤떨어진 당시의 일부 유생들과 친척들은 김일부를 미친 사나이('狂一夫')라고 손가락질하면서 족보에서 빼려고 시도한 적이 있었다.

세상의 얼치기들은 독창적인 이론을 내세운 이를 '미치광이(狂人)'라 부른다. 일반적인 의미의 광인은 무언가에 홀려 광기어린 태도로 왜곡된 욕망 또는 강박증 따위를 빚어내는 정신 병리학적인 질병을 앓는 사람을 뜻한다.[50]

---

49 『정역』「십오일언」"九九吟", "凡百滔滔儒雅士아 聽我一曲放浪吟하라 讀書學易先天事요 窮理脩身后人誰오 … 六十平生狂一夫는 自笑人笑恒多笑를 笑中有笑笑何笑오 能笑其笑笑而歌를"
50 정민, 『미쳐야 미친다- 조선 지식인의 내면 읽기』(서울: 푸른역사, 2004), 14쪽 참조.

3. 선각자의 삶 59

"아픈 광인은 병원에 갇힌 환자이지만, 건강한 광인은 새로운 가치를 발견하는 인식의 전사이다."[51]

김일부는 시대의 선각자로서 미치지 않으면 미치지 않는다(不狂不及)는 정신으로 세상이 뒤바뀔 만한 사상을 토해낸 진정한 광인이었다.

광인은 타인의 시선에 아랑곳하지 않고 자신의 목표를 가능케 하는 힘을 소유한 사람을 가리킨다. 김일부의 최종 목적지는 영혼과 내면의 세계라기보다는 자연사를 꿰뚫는 시간의 질서를 밝히는 것에 있었다. 그는 기존의 세계관을 극복하여 후천의 길로 나아가는 방법을 꿈꾸었던 도학자였다. 잔뜩 찡그린 얼굴로 험한 인생사와 씨름한 것이 아니라 오히려 즐거운 마음으로 진리에 심취한 구도자였다.[52]

그러나 동양의 지성사를 새롭게 장식했던 이름 없는 조선의 선구자는 초라한 신세로 전락하였다. 김일부, 재야에서 활동한 비운의 학자이며 시대의 거물이었던 괴물 선비! 그는 경제적으로 늘 가난하게 살았지만 새로운 세상의 진리를 밝히고, 그것을 이상세계로 알고 있었기 때문에 그의 마음은 때로 고독하기도 했

---

51 고병권, 『니체, 천개의 눈 천개의 길』(서울: 소명출판, 2002), 52쪽
52 세상에서 인정받지 못한 심정을 노래한 '십오가十五歌'에는 새로운 진리의 주제어가 숨겨져 있다. 웃음 소笑 자가 열 개인데, 진리를 터득한 경지에서 웃는 웃음이 다섯 개가 있다. 열(十)과 별도의 다섯(五)을 합하면 열다섯이 된다. 이는 10무극과 5황극을 뜻한다.

다. 그러나 그는 아무도 자신을 알아주지 않는다고 세상을 원망하지 않았다. 자신이 밝힌 진리가 가장 친한 친구였기 때문이다.

김일부에게 학문에 대한 열정만이 오직 세상의 비웃음으로부터 버티게 하는 원동력이었다. 우주와 시간의 질서에 대한 새로운 사유의 길을 열어 제치고, 과거에 존중받던 전통의 속박을 무너뜨리는 용기는 시대의 불침번인 미치광이가 아니면 불가능하다. 서양 정신사를 뒤엎은 정신병자로 알려진 니체의 철학이 유럽을 송두리째 흔들어 인문학의 부활을 불러 일으켰던 것과는 근본적으로 다르다.

비운의 선각자 김일부의 진리 세계는 정역사상에 고스란히 담겨 있다. 정역사상에 대한 후학들의 평가는 어떠했을까. 정역사상에 대한 과거의 평가는 오늘날 새롭게 조명되고 있는 것과는 사뭇 달랐다. 과거의 평가는 천당과 지옥을 오가는 명예와 불명예의 양극단을 걷기도 했다. 성균관成均館의 후신인 모성공회慕聖公會에서는 김일부를 성인聖人으로 추켜세우는 찬양문讚揚文을 허락했다. 한편에서는 김일부를 후천개벽의 필연성에 대해 난해한 언어로 논리화한 고급 예언가로 폄하하고 있다. 이러한 상반된 평가에도 불구하고 정역사상은 동양학의 울타리를 벗어나 미래학의 코드로 떠오르고 있다. 이제는 다양한 스펙트럼으로 재해석하는 일만 남았다고 할 수 있다.

4. 『정역』과 증산도사상

김일부와 증산상제의 만남

붓대 하나로 세상의 낡은 관념을 뒤흔든 김일부가 국사봉에서 노년을 보내던 때의 일이다. 하루는 젊은 청년이 찾아 왔다. 그 청년은 백성들의 고달픈 삶의 현장을 직접 살펴보고, 1897년 천하유력을 시작할 즈음에 김일부를 만나러 국사봉을 방문했던 것이다.

"충청도 강경을 지나 연산連山에 이르러 향적산香積山 국사봉國師峯에 있는 김일부를 찾으시니라. 지난밤 일부의 꿈에 하늘로부터 천사가 내려와 '옥경玉京'에 올라오라'는 명을 전하거늘 일부가 천사를 따라 올라가 '요운전曜雲殿'이라는 편액이 걸린 장려한 금궐에 들어가 상제님을 뵙고 내려왔는데 이제 맞이한 증산을 뵈니 간밤에 뵌 상제님과 그 형모가 같은지라 그 일을 아뢴 뒤에 '요운曜雲'이란 도호를 드리며 심히 경대하되 증산께서는 그 호를 받지 않으시니라. 증산께서 그곳에 머무르시며 영가무도의 교법을 관찰하시고 일부와 후천개벽의 천지대세에

대해 말씀을 나누시니라."(『도전』 1:68:1-6)

인간은 주변의 수많은 사람과의 만남을 통해 삶을 영위하기 마련이다. 하지만 위 인용문에 나타난 두 사람의 만남은 여느 청년과 노학자가 오다가다 얼굴 마주치는 일상적인 만남이 아니었다. 청년 증산이 인사치레로 김일부를 찾아간 것은 더욱 아니다. 증산이 국사봉[53]을 방문한 것은 일정한 목적이 있어서 였을 것이다.

당시 27세의 청년 증산이 천하유력을 시작할 무렵에 72세의 김일부를 처음으로 만난 것은 1897년이었다. 청년은 인간의 몸으로 이 땅에 온 상제였으며,[54] 김일부는 재야에서 활약한 선비의 신분이었다. 한 사람은 이 세상을 지상선경地上仙境으로 만드려고 하늘땅이 둥글어가는 도수度數를 뜯어고쳐 새롭게 프로그램을 짠(天地公事) 우주의 주재자요, 다른 한 사람은 유형무형의 만물이 생성하고 변화하는 도수의 세계를 밝힌 학자였다.[55]

증산상제와 김일부의 만남은 천상天上에서부터 이미 예정되었던 일이다. '천상'이란 우주의 주재자가 머무는 신성한 공간으로

---

53 원래 국사봉은 나라의 큰 스승이 출현힐 만한 봉우리로 붙여진 이름이다. 인터넷 사이트에 나타난 전국의 국사봉은 24개 정도로 조사되었다.
54 증산도에서는 이분을 증산상제님이라 호칭한다.
55 이 두 사람의 관계를 극명하게 밝혀주는 말이 있다. "주역 공사는 이미 일부一夫 시켜서 봐 놓았노라."(『도전』 3:198:5) 두 사람의 만남은 이미 증산상제가 천상에서 예약한 아주 중요한 약속이였으며, 또한 주역 공사를 실천한 김일부의 공덕을 인정한 말이라 할 수 있다.

만물을 낳고 길러내는 생명의 질서를 총괄하는 시공의 사령탑을 뜻한다. 증산상제는 천상에서 김일부로 하여금 선천이 후천으로 뒤바뀌는 원리를 밝히라는 명령을 내렸다는 것이다.

> "최수운은 내 세상이 올 것을 알렸고, 김일부는 내 세상이 오는 이치를 밝혔으며, 전명숙은 내 세상의 앞길을 열었느니라. … 일부가 내 일 한 가지는 하였느니라."(『도전』 2:31:5)

'내 세상이 오는 이치'란 천지개벽을 통해 조화선경의 세상이 이루어지는 새로운 패러다임의 과정과 이유를 가리키며, '일부가 내 일 한 가지를 하였다'는 말은 윤역閏曆이 정역正曆으로 바로잡히는 시간의 질서가 본질적으로 전환하는 원리를 밝힌 사건을 뜻한다. 이는 주역사에서 한 번도 없었던 일이기 때문에 증산상제는 김일부의 공로를 높이 평가하여 역도의 종장과 청국명부淸國冥府의 대표[56]로 임명하였던 것이다.

증산상제와 당대 최고 선비의 만남은 인류 역사 이래 없었던 드라마틱한 사건이었다. 그것은 인류사 이래로 처음 있었던 특별한 만남이라고 할 수 있다. 왜냐하면 그들이 꿈꾸고 기획했던 일들은 개인사가 아니라 자연사의 패러다임 전환을 비롯한 인류의

---

[56] 『도전』 5:4:5, "崔水雲을 일본 명부, 金明淑을 조선 명부, 金一夫는 청국 명부, 李瑪竇를 서양 명부로 정하여 각기 일을 맡겨 一令之下에 하룻저녁에 대세를 돌려 잡으리라."

생명줄이 걸린 근본문제이기 때문이다. 그것은 하늘과 땅의 근본 틀이 바뀜에 따라 역사와 문명의 물꼬가 획기적으로 전환된다는 거대담론인 동시에 어느 누구도 생각하지 못했던 인류 보편의 문제였던 것이다.

증산상제는 어디에 계셨다가 인간으로 오시게 되었던 것일까

동양에는 예로부터 세계의 기원과 생성의 원리를 천문天文에서 이끌어내는 전통이 있다. 천문의 중심은 생명의 본원인 북극성北極星[57]과 생명을 낳아 기르는 북두칠성北斗七星이다. 그래서 동양 천문학은 밤하늘을 수놓는 북극성과 북두칠성을 비롯한 28수宿의 별자리 조직에 대응하는 인간의 사회질서를 구축하는 것이 가장 합당한 제도라는 인식체계를 낳았다.

북극성의 다른 명칭은 천황대제天皇大帝가 머물고 있는 자미원紫薇垣이다. 그리고 그 주위에는 6대성좌六大星座가 있다. 이들 별자리는 천황대제가 군주이고, 6대성좌는 천황대제를 보좌하는 신하로서 일종의 정치질서를 구성하고 있는 것이다. 6대성좌는 태미원太微垣, 천시원天市垣, 천진天津, 각도閣道, 오거五車, 헌원軒轅으로 자미원을 보호하는 형태를 이루고 있다.[58] 또한 이 6대 성좌

---

[57] 『논어』 「위정편」, "爲政以德, 譬如北辰, 居其所而衆星共之."
[58] 권영원, 『正易과 天文曆』(대전: 상생출판, 2013), 410쪽 참조.

를 둘러싸고 있는 것이 곧 28수인 것이다. 한마디로 하늘의 북극성과 북두칠성이 생명을 낳아 기르는 모체라면, 그것이 열매 맺는 우주의 오아시스는 지구이고, 앞으로 새롭게 태어날 지구의 핵심처는 동방 땅 한국(艮)이라는 것이 천문지리天文地理의 핵심이다.

증산상제가 이 땅에 내려오기 전에는 만유를 낳아 길러내는 역할을 맡은 북두칠성에 거주했으며, 천상의 천황대제로 계시면서 우주만유를 조화권으로 주재했다. 그가 천상에서 이 땅으로 강림한 까닭은 바로 땅의 열매처인 간방이라는 깊은 뜻이 함축되어 있다. 그것은 구원의 빛이 천상에서 내려와 동방으로부터 비쳐온다는 것을 가리킨다.

그렇다면 우주의 주재자인 상제는 왜 천상에 머물지 않고 직접 이 땅에 인간의 몸으로 강세했는가? 그것도 지구상의 다른 어떤 나라도 아니고 왜 특정한 장소인 동방 땅 조선에 강림했으며, 김일부라는 특정한 학자와 만나 직접 대화를 나누었는가. 이러한 인연의 끈은 우연을 넘어 우주사의 극치로서 경이롭기 그지없다. 우주질서의 주재자는 생명의 근원이자 시공간의 배꼽 자리에 머물면서 자연과 역사와 문명의 수레바퀴가 제대로 돌아가고 있는가를 감독하면 충분함에도 불구하고 증산상제는 인간 사랑을 실천하려고 직접 이 세상에 뛰어들었던 것이다.

상제가 간방에 강세한 이유

증산상제는 서양의 초강대국 혹은 문명화된 국가를 제쳐두고 약소민족이 살고 있던 동북아의 조그마한 조선 땅에 강세했을까. 이러한 물음은 지상선경의 세상이 돌아가는 방식이 무엇인가라는 우주관의 문제, 온 누리에 새롭게 펼쳐지는 조화선경의 심장부와 세계의 중심이 어디인가의 문제, 지금의 세계정세가 한반도를 중심으로 욱여들고 있다는 시대인식의 문제와 맞물려 있다.

중요한 것은 증산상제의 강세가 간방艮方과 직접적인 관련이 있다는 것이다. 『주역』의 이론에 따르면 조선은 지구의 동북방에 해당하는 간방艮方이다. '간'은 생명의 시작과 결실을 의미하는 열매를 상징한다. 여기서 말하는 열매는 '초목의 열매', '인간의 성숙', '문명의 성숙'을 포괄한다. 지정학 상으로 볼 때, 한반도는 기존의 역사와 문명을 마감하고 새 시대와 새 문명을 여는 지구의 중심이다. "한반도는 지구의 핵, 중심자리다. 동방 조선 땅에서 지금까지의 인류역사가 종결되고 가을철 새 역사가 출발한다. 선천 성자들의 모든 꿈과 소망이 한반도에서 성취된다. 이것이 바로 '간도수'의 결론"[59]으로 간방에서 새로운 문명이 싹튼다는 것으로 압축할 수 있다.

공자는 이미 2,500년 전에 조화옹의 창조섭리를 통하여 인류

---

[59] 안경전, 『개벽실제상황』(서울: 대원출판, 2005), 163쪽.

구원이 이루어지는 지상의 공간(방위)을 밝힌 바 있다. 그는 『주역』「설괘전」에서 유가의 대동 사회를 뜻하는 인류구원이 간방에서 완수되는 천도의 이법을 다음과 같이 말했다.

> "간艮은 동북방을 가리키는 괘이다. 만물이 끝맺음을 이루고 다시 시작함을 이루는 까닭에 '간에서 하늘(하나님)의 말씀이 이루어진다.'"[60]

공자는 만물의 종말과 새로운 출발을 의미하는 하늘의 섭리(말씀=logos=道도)가 '지구의 동북쪽 간방에서 이루어진다(成성)고 말했다. 간괘의 방위는 문왕괘에서는 동북방, 정역괘에서는 동방이다.

> "동북방은 계절로 말하면 1년 변화의 종착역인 겨울이 끝나고 생명이 약동하는 봄의 출발점이기도 하다. 끝과 시작(終始종시)이 교차하는 동북 간방의 이러한 원리로 인해 선천 종말에 따른 선악심판과 후천 새 출발의 길을 틔기 위해 상제님이 동북방으로 강세한 것이다."[61]

동북 간방은 일정한 시간대에 만물의 변화가 매듭지어지고 새롭게 시작하는 신성한 공간이다. 그것은 하늘(상제의 조화권능)의 프로그램이 간방에서 완성된다는 뜻이다. "이것을 간도수艮度數

---

[60] 『주역』「설괘전」5장, "艮東北之卦也, 萬物之所成終而所成始也, 故曰成言乎艮."
[61] 안경전, 『증산도의 진리』(서울: 대원출판, 2002), 70쪽.

라고 하는데, 다시 말하면 천지 병의 근본적인 해결책이 간방인 동북아 조선(한국)에서 나온다"[62]는 것이다. 그것은 간방艮方에서 새문명이 싹튼다는 것으로 직결된다고 할 수 있다. 간방에서 새롭게 열리는 신천지는 선천의 온갖 갈등과 부조화가 해소되어 인류의 소망이 이루어지는 후천의 조화선경, 지상선경의 세계이다.

정역사상은 조화선경의 세계가 이루어지는 원리를 우주사宇宙史와 시간사時間史가 하나로 관통하는 논리로 풀어내고 있다. 전자는 복희괘伏犧卦 → 문왕괘文王卦 → 정역괘正易卦로의 세 단계의 과정을 거쳐 우주가 완성되며, 후자는 원역原曆 → 윤역閏曆 → 정역正曆으로의 세 단계의 진화를 통해 1년 360일의 시간질서로 완결되는 것을 의미한다. 이는 복희팔괘도의 건괘乾卦로부터 출발한 선천이 문왕팔괘도의 간괘艮卦에서 끝맺고, 곧이어 정역팔괘도의 간괘에서 새로운 천지가 열려 만물이 재창조되는 것을 뜻한다.[63] 왜냐하면 선천의 동북방이 후천의 동방으로 바뀜은 천축의 변동으로 인한 지축정립을 함축하기 때문이다.

김일부는 상제가 직접 강세하는 사건을 통해 후천 '유리세계'의 새로운 환경이 조성된다는 찬송가를 불러 정역사상의 결론으

---

62 안경전,『생존의 비밀』(대전: 상생출판, 2009),137쪽 참조.
63 『도전』4:415:1, "상씨름으로 終於艮이니라"의 '간방에서 끝맺는다(終於艮)'는 개념은 '간방에서 끝맺고 다시 간방에서 시작한다(終於艮, 始於艮)'는 말의 준말이다.

로 매듭지었다.

> "천지의 맑고 밝음이여! 일월의 새 생명이 빛나도다! 일월의 새 생명이 빛남이여, 유리세계가 되는구나! 새로운 세계여, 세계여! 상제님이 성령의 빛을 뿌리시며 친히 강림하시는구나!"[64]

역도의 종장 - 김일부

증산상제가 김일부와 만나서 무슨 말을 나누었을까. 그들이 나눈 대화의 주제는 영가무도와 후천개벽後天開闢이 핵심 내용이 될 것이다.

개벽開闢이란 무엇을 말하는가. 그것은 글자 그대로 '열 개開'와 '열 벽闢'자의 합성어이다. 동양의 우주론에서 볼 때, 개벽은 '하늘과 땅이 열림(天地開闢)' 혹은 '하늘이 열리고 땅이 열림(開天闢地)'의 줄임말이 되는 것이다.

개벽이란 말은 원래 태초에 하늘과 땅이 열리는 천지의 생성을 뜻하지만, 선천先天과 후천後天을 덧붙여 그 의미를 파악해볼 수 있다. 선천개벽과 후천개벽이 그것이다. 시간적인 과정의 선·후 관계를 고려해 본다면, 선천개벽은 과거에 만유의 생명이 생장

---

[64] 『정역』「십일일언十一一言」"십일음十一吟", "天地淸明兮, 日月光華. 日月光華兮, 琉璃世界. 世界世界兮, 上帝照臨."

분열로 치달을 수 있도록 하는 그런 하늘과 땅의 질서가 열림을 뜻하고, 후천개벽은 만유의 생명이 수렴 통일로 가도록 하는 그런 하늘과 땅의 질서가 미래에 다시 새롭게 열림을 뜻한다.

> "후천개벽은 음양의 창조적 순환을 통해서 우주가 새로운 차원의 변화운동을 시작함으로써 천지의 일체 생명이 새로운 시간대에 들어서는 시간의 변화를 뜻한다. 다시 말하면 후천개벽이란 새로운 시간과 공간대가 열리는 천지기운의 대변화 사건이다."[65]

『정역』은 만물이 성장하여 완성하는 원리를 담은 역易이다. 복희역伏羲易과 문왕역文王易이 과거역이라면, 김일부가 지은 『정역』은 미래역이다. 미래역이란 후천개벽이 이루어지는 목적과 새로운 세상이 펼쳐지는 원리를 수리철학으로 풀어놓은 역을 뜻한다.

> "최수운崔水雲은 내 세상이 올 것을 알렸고, 김일부는 내 세상이 오는 이치를 밝혔으며, 전명숙全明淑은 내 세상의 앞길을 열었느니라. … 일부가 내 일 한 가지는 했느니라."(『도전』 2:31:5)

조선조 말기를 뒤흔들었던 최수운과 김일부와 전봉준은 각각 후천개벽에 대한 특수한 임무를 수행하였다. 최수운은 『동경대전』과 『용담유사』를 통해 이 땅에 우주의 주재자가 직접 강세할 것이고, 후천개벽 뒤에는 우주의 통치자가 기획한 신천지가 도래

---

65 안경전, 『이것이 개벽이다(상)』(서울: 대원출판, 2010), 357쪽 참조.

할 것을 알리는 메신저 역할을 했다. 전봉준은 후천이 열릴 수 있도록 역사적으로 사전 정비작업을 했으며, 김일부는 후천이 오는 이치를 주역의 논리에 입각하여 밝혔다는 것이다.

증산상제는 "『주역』은 개벽할 때 쓸 글이니 주역을 보면 내 일을 알리라"는 놀라운 선언을 하였다. 여기서의 개벽은 후천개벽을 가리킨다. 후천개벽은 큰 틀에서 볼 때 자연개벽, 문명개벽, 인간개벽으로 세분화할 수 있는데, 김일부는 자연개벽의 측면에서 역법질서의 전환을 통해 후천이 도래한다는 사실을 체계화했다.

"내 세상에는 묘월卯月로 세수歲首를 삼으리라. 내가 천지간에 뜯어고치지 않은 것이 없으나 오직 역曆만은 이미 한 사람이 밝혀 놓았으니 그 역을 쓰리라."(『도전』5:21:4-5)

여기서 말하는 '한 사람'은 김일부이며, '역曆'은 시간질서의 근본적 개혁을 통해 이루어지는 선후천 교체의 논리적 근거인 역법질서를 뜻한다.

주지하다시피 정역의 주제는 시간론이다. 김일부는 시간과 공간이 흘러나오는 생명의 배꼽을 비롯하여 선천이 후천으로 뒤바뀌는 시간질서의 프로그램을 상수론象數論에 의거하여 밝혀낸 것이다. 그래서 김일부는 하늘이 품고 있는 시간(天時)의 정체가 바로 역법曆法의 근본적 전환이라는 사실을 밝힌 공로로 말미암아 증산상제로부터 '역도易道의 종장宗長'을 일임받게 되었다.

그가 밝혀낸 역법의 근본적 전환은 엄청난 사건이 된다. 이에 대해서 송인창은 김일부가 "선천의 잘못된 역법질서를 바로 고쳐서 후천세계의 완전무결한 역법질서를 완성시키고자 했다. 그것은 하늘의 법도인 기강경위紀綱經緯를 밝혀 후천개벽의 대변화에 대응하는 인간완성의 길을 모색하는 일이며, 선천의 불평등한 구조를 불식시켜 후천의 밝고 아름다운 조화세계를 구현하는 일, 즉 새로운 세상의 이념을 정립하는 일이기도 했다."[66]고 얘기한다.

그런데 역법의 근본적 전환은 선천 역법에서 후천 역법으로의 전환을 뜻하는데, 이는 구체적으로 무엇을 말하는 것일까. 한마디로 말해서 선천은 인월寅月 세수歲首로 삼았지만, 후천은 묘월卯月을 세수로 삼는다는 것이다. 이에 대해서 좀 더 설명을 덧붙여 보자.

옛사람들은 역법을 바탕으로 농경생활에 편리한 달력을 만들었다. 달력은 태양과 달과 지구 사이의 규칙적인 운행에 부합하는 역법에 기초한다. 선천의 달력이 인월寅月을 으뜸으로 삼은 역법체계라면, 후천은 묘월卯月을 정월로 삼는 역법이다. 선천에서 하나라는 인월寅月, 은나라는 축월丑月, 수나라는 자월子月을 세수로 쓰는 전통이 있었다. 이처럼 선천은 역법 개정의 역사라 말해

---

[66] 송인창, 「鷄龍山 文化에 나타난 後天開闢思想」『동양문화 학술세미나』(대전대학교 동양문화연구소, 2011), 116쪽 참조.

도 과언이 아니다.[67] 지금은 하나라 때의 북두칠성北斗七星의 자루가 초저녁에 인방寅方을 가리키는 달을 정월로 삼는 역법을 답습하고 있다. 이는 공자孔子가 "하나라의 책력을 사용한다(行夏^{행 하}之時^{지 시})"[68]는 원칙을 제시한 뒤부터 한무제漢武帝의 태초太初 원년 이후 줄곧 '인월세수'가 동양 역법학의 기본이 되었다고 할 수 있다.

문제는 선천의 인월세수와 후천의 묘월세수는 무엇이 어떻게 다른가 하는 것이다. 인월세수가 시대와 정치 상황에 알맞게 만든 역사적 산물이라면, 묘월세수는 선천이 후천으로 전환됨에 따라 역법 구성의 근거가 새롭게 정립되는 사건을 뜻한다.

후천의 새로운 달력이 만들어지려면 시공의 질서가 바뀌어야 한다는 것이다. 시공 질서의 전환은 자연과 문명과 역사의 본질적 변화를 수반한다. 선천이 기존의 폐쇄된 질서 안에서 반복을 되풀이하고 교류하는 차원이라면, 후천은 시공의 질서가 새롭게 펼쳐지는 근본적 변화를 통하여 이뤄지는 무극대도의 세상이다. 그것은 선천 세상의 모순과 부조리가 완전히 극복됨으로써 천지인天地人이 하나가 되어 각각의 존재 의미와 가치가 구현되는 이상세계를 뜻한다.

---

67 "역사를 뒤적여 보면 夏나라 때부터 지금까지 책력을 고친 것이 140번이 된다."(권영원, 『正易入門과 天文曆』, 도서출판 동서남북, 2010, 356쪽.)
68 『論語』「衛靈公篇」. 이에 대해 주자는 "하나라 때의 책력은 북두칠성 자루가 초저녁에 寅方을 가리키는 달을 歲首로 삼는 것을 말한다(夏時, 謂以斗柄初昏建寅之月 爲歲首也.)"라고 주석을 달았다.

김일부는 선천과 후천에 쓰이는 역을 '교역의 역'과 '변역의 역'으로 구분지었다.[69] 선천은 음을 억누르고 양을 드높이는 '억음존양抑陰尊陽' 시대이고, 후천은 음양이 균형 잡히는 '조양율음調陽律陰'의 세상이다. 따라서 선천 역은 닫힌 세계에서 통용되는 과거역이요, 후천 역은 창조적 변화(造化)에 의해 새롭게 열리는 미래역이다.

> "음을 누르고 양을 높임은 선천에서 마음 닦는 방법을 배우는 학문이요. 양을 고르고 음을 맞춤은 후천 성리의 도이다."[70]

억음존양은 단순히 남성은 드높이고 여성이 억압받는 존재라는 선천의 가치관을 고발한 내용이 아니라, 선천의 자연계가 삼천양지三天兩地의 질서로[71] 이루어진 까닭에 온 세상이 질병에 허덕이고 있다는 사실을 밝힌 내용이다. 이는 과거 유학자들이 자연현상 속에 깃들어 있는 변화에서 질서를 찾았던 인식의 한계를 깨뜨리고 음양의 속살을 끄집어내어 도덕과 가치의 근원을 음양의 숨겨진 질서인 율려律呂[72]에서 발견하였던 것이다.

---

69 『정역』, 「십일일언」, "先天之易은 交易之易이니라 后天之易은 變易之易이니라"
70 『정역』, 「십오일언」 "일세주천율려도수一歲周天律呂度數", "抑陰尊陽은 先天心法之學이요 調陽律陰은 后天性理之道니라"
71 『정역』, 「십오일언」 "일극체위도수日極體位度數", "先天은 三天兩地니라 后天은 三地兩天이니라"
72 『도전』, 6:121:2, "소리 속의 율려에는 和氣가 넉넉하구나(音中律呂有餘和)."

선천에서는 억음존양의 질서가 세상을 움직이는 힘으로 작동했다면, 조양율음은 선후천의 전환을 일으키는 원동력이라 할 수 있다.[73] 한마디로 음양오행의 구조가 근본적으로 바뀌는 사건이 후천개벽인 것이다. 따라서 억음존양은 상극질서이며, 조양율음은 양기운이 넘치는 것을 덜어내고 모자라는 음기운은 보태서 상생의 질서로 접어들게 하는 우주의 자기조정의 운동이라 하겠다.

억음존양과 조양율음은 우주의 두 얼굴이다. 억음존양이란 음양의 구조가 불균형한 상극의 질서이며, 조양율음은 음양의 균형이 바로잡힌 상생의 질서를 뜻한다. 이러한 조양율음을 증산도에서는 정음정양正陰正陽이라 부른다. 그렇다면 조양율음과 정음정양은 어떻게 다른가. 전자가 정음정양의 세계로 나아가는 과정 중심의 표현이라면, 후자는 조양율음의 과정이 현실에 구현된 결과라 할 수 있다. 정음정양의 우주가 형성되는 대자연의 변혁이 바로 천지가 성공하는 시대일 것이다.[74]

후천개벽은 시간의 전개를 통해 드러나기 때문에 우주의 생성사가 곧 시간의 역사이고, 시간질서의 극적인 전환이 천지성공의 핵심이라 할 수 있다. 증산도사상과 정역사상은 '상극에서 상

---

73 이러한 논리는 六甲 질서의 전환을 통해서 드러난다. 선천은 天干이 중심이 되어 地支가 뒤따라가는 형국이라면, 후천은 거꾸로 地支가 중심이 되고 天干이 뒤따른다는 뜻이 반영되어 있다. 그 결과 하늘과 陽陽과 군자 중심의 선천에서 땅과 陰陰과 백성 중심의 후천으로 바뀐다.
74 『도전』 4:21:1, "이 때는 천지성공시대라."

생으로'라는 우주사와 '윤역에서 정역으로'라는 시간사를 결합하여 후천개벽의 필연성으로 매듭짓는다. 다만 정역사상은 원론의 차원에서 후천개벽이 오는 이치를 밝혔다면, 증산도에서는 129,600년을 한 주기로 순환하는 '우주1년'을 새롭게 정립하여 후천개벽의 당위성을 비롯하여 지구상에서 벌어지는 개벽실제상황을 생생하게 전달하고 있다.

동양 우주론의 전통에서 볼 때 우주1년은 우주의 순환성을 얘기한 소강절邵康節(1011~1077)의 원회운세설元會運世說에 기초한다. 우주1년은 지구의 1년이 사계절로 돌아가듯이, 크게 봄·여름과 가을·겨울의 변화로 돌아가는 앞의 두 계절, 곧 생장과 분열운동을 하는 봄과 여름의 시간대는 선천이고, 뒤의 두 계절 곧 수렴과 통일운동을 하는 가을과 겨울의 시간대라는 후천으로 구성된다.

우주1년인 129,600년 가운데 전반기 64,800년은 선천이고, 후반기 64,800년은 후천이다. 이것은 자연의 선후천 시간이며, 이와는 달리 인간이 역사무대에서 활동하는 문명의 선후천 시간이 있다. 문명의 선후천 시간은 봄에서 여름까지 선천 5만년과 가을에서 겨울 초까지 후천 5만년, 총 10만년으로 이루어진다. 나머지 3만년은 우주의 겨울철로 인간을 비롯한 만물이 지구상에서 살 수 없는 빙하기에 해당된다. 그러면 현재의 인류는 어느 때에 살고 있는가?

"지금은 온 천하가 가을 운수의 시작으로 들어서고 있느니라."
(『도전』 2:43:1)

지금의 우주는 여름에서 가을로 바뀌는 하추교역기夏秋交易期로, 선천에서 후천으로 넘어가는 시간대에 진입하고 있다. 달리 말하면 현재의 지구촌 인류는 분열과 성장을 멈추고 수렴과 통일의 변화로 꺾어지는 변혁기에 해당하는 가을개벽의 문턱에 서 있다.

"최근 인간 생명을 거세게 위협하고 있는 대지진, 폭염, 폭설과 같은 자연 재앙과 경제위기, 질병 같은 모든 재난은 하추교역기에 일어나는 전주곡일 따름이다."[75]

그렇다면 지금이 왜 우주의 여름에서 가을로 접어드는 시기인가를 밝혀줄 이론적 근거는 어디에 있는가. 이에 대해 김일부는 선후천 교체를 비롯하여 금화교역金火交易의 논리적 근거를 하도낙서에서 찾았다. 즉 하도와 낙서의 본질은 선후천 전환의 입론 근거라는 것이 정역사상의 대전제이다. 그러면 금화교역이란 무엇이며, 또한 증산도에서 말하는 우주는 어떤 과정을 거치면서 선천에서 후천으로 변화하는 지에 대한 탐색여행을 떠나기로 하자.

---

[75] 안경전, 『천지성공』(서울: 대원출판, 2010), 60-61쪽 참조.

종어간시어간 終於艮始於艮

증산도사상은 천지공사를 통한 인류의 영원한 꿈인 조화선경의 건설에 있다. 조화선경에 대한 접근은 여러 방식이 있으나 시간론과 우주론 관점에서부터 조명해야 옳을 것이다. '지금 여기 now and here'라는 투철한 시대인식과 우주는 어떻게 구성되어 둥글어가는가에 대한 논의가 가능하기 때문이다.

조화선경의 세상이 어떻게 이루지는가의 문제를 『정역』은 정역팔괘도로 압축해 놓았다. 선천의 복희괘가 1건乾에서 시작하여 8곤坤으로 끝났다면, 문왕괘는 1감坎에서 시작하여 8간艮으로 매듭지었다. 하지만 정역괘는 끝나는 자리에서 새롭게 시작한다는 뜻으로 8간艮에서 시작하여 7지地로 매듭짓는 형태로 이루어져 있다.

그런데 문왕괘와 정역괘의 차이점은 동북방에 위치한 문왕괘의 8간이 정역괘에서는 동방으로 옮겨진 것에 있다. 그것은 선천을 뜻하는 문왕괘가 후천을 뜻하는 정역괘로 바뀌는 사건은 자연의 근본적 전환을 함축하며 동시에 선후천의 전환에 따른 시간질서(윤역에서 정역으로, 1년 365¼에서 1년 360일로)와 공간질서(멀게는 북극성의 천체로부터 가깝게는 지구의 정립)의 본질적 변화를 시사한다.

정역팔괘의 앞 단계가 곧 선천 문왕괘의 세상(洛書 낙서)이고, 앞으로 하도河圖의 이상이 펼쳐질 정역괘의 세상이 후천이라는 것이다. 이에 대해 김일부는 시간사時間史와 우주사宇宙史를 하나의 논리로 정립하였다.

주지하다시피 『주역』과 『정역』의 시간관은 종시론終始論이다. 보통은 시

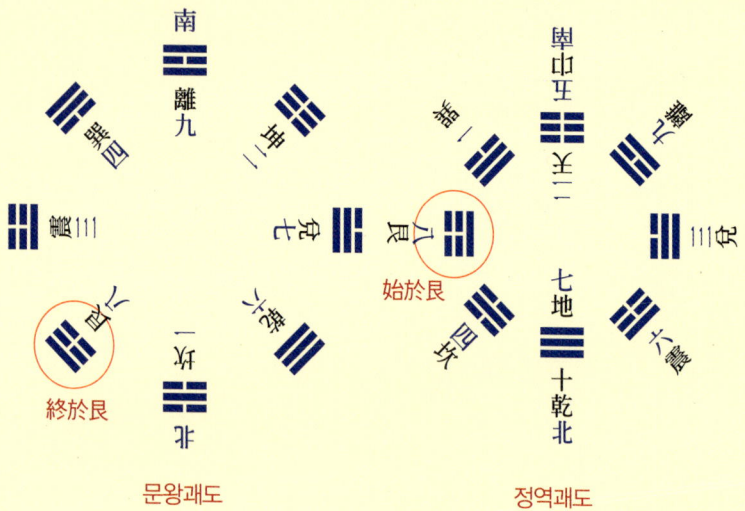

문왕괘도   정역괘도

종시終이 직선적 시간관이며 종시終始는 순환적 시간관으로 구분하는 것에 익숙하다. 하지만 『정역』에서 말하는 종시론은 선천이 후천으로 뒤바뀐다는 것이 전제된 시간관이다. 이런 연유에서 동북방에 있던 문왕괘의 8간이 정역괘에서는 동방으로 자리 이동한 것이다. 따라서 『주역』「설괘전」의 "간艮은 동북방을 가리키는 괘이다. 만물이 끝맺음을 이루고 다시 시작함을 이루는 까닭에 간에서 하늘(하나님)의 말씀이 이루어진다.'(艮東北之卦也, 萬物之所成終而所成始也, 故曰成言乎艮.)'"(『주역』「설괘전」 5장)는 내용은 동북방의 8간이 동방으로 바뀌어 만물이 새롭게 시작한다는 의미로 풀어야 옳을 것이다.

그래서 김일부는 시간과 우주와 생명의 질서가 바뀐다는 사실을 수지도수로 논증했다. 그는 원론의 차원에서 만물의 새로운 출발점을 상징하는 천간의 기己(선천에는 하늘 중심의 갑甲에서 시작), 지지의 축丑(선천에는 자子에서 시작하던 것이 후천에는 땅 중심의 축판丑板으로 바뀌는 것을 가리킴), 팔

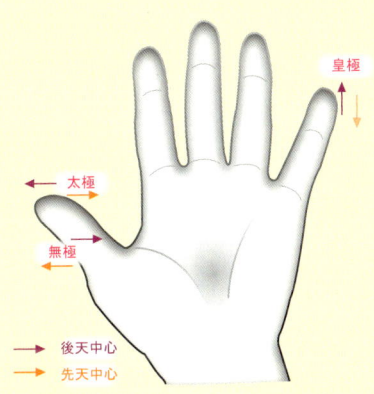
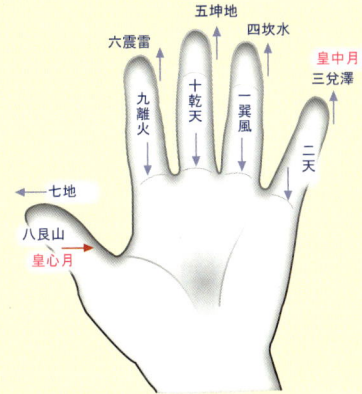

괘도의 간艮, 3극론의 무극無極과 태극을 엄지손가락에 배치하여 후천을 중심으로 새로운 형이상학을 구축하는 데 성공했던 것이다.

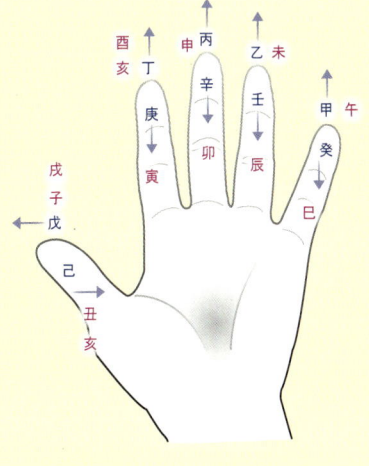

증산도사상은 "상씨름으로 終於艮^{종어간}이니라"(『도전』 4:415:1)는 명제를 제시한 바 있다. 문왕괘의 동북방에 위치한 간방에서 만물이 매듭지어진 다음에[終於艮^{종어간}], 정역괘의 동방에 위치한 간방에서 역사와 문명이 새롭게 시작된다[始於艮^{시어간}]고 말하여 선천이 후천으로 바뀐다는 사실을 괘도의 전환 문제로 밝히고 있다. 여기에는 간방과 한민족의 미래에 대한 하늘땅의 섭리가 깊숙이 개입되어 있음을 알 수 있다. 선천에 동북방의 작은 나라에 불과했던 한민족이 후천을 맞이하여 자연과 역사와 문명이 동방땅 간방(한반도)에서 새롭게 태어남을 선언하여 간방이 지구의 배꼽일 뿐만 아니라 문명의 심장부로 거듭 태어날 것을 예고하였다.

第二部

정역의 핵심 사상

1. 선후천 개념의 재해석

『정역』은 선천의 역으로 통용되는 『주역』을 근간으로 해서 나온다. 하지만 『정역』은 후천의 새로운 역법이다. 『정역』은 처음부터 끝까지 선후천의 전환을 얘기하고 있다. 선후천이란 무엇을 뜻하는가를 좀 더 상세하게 풀어내어 보자.

『주역』에 등장하는 선후천이란 말은 상당히 추상적인 의미를 담고 있는 것으로 보인다. 먼저 『주역』에서 선후천의 의미에 대한 정의가 어떻게 기술되고 있는가.

> "하늘보다 앞서가도 하늘이 어기지 아니하며, 하늘을 뒤따라가도 하늘의 때(시간)를 받드니, 하늘이 또한 어기지 아니하는데 하물며 사람이며(어기지 아니한다), 하물며 귀신이랴."[76]

이에 대해 정이천程伊川(1033~1107)은 유가의 이상적 인간상인 성인이 도와 합치되기 때문에 하늘의 경지와 완전히 하나가 될

---

[76] 『주역』 「문언전」, "先天而天弗違, 後天而奉天時, 天且不違, 而況於人乎, 況於鬼神乎."

수 있다고 여겼다.[77] 주자朱子(1130~1200)는 인식 범위의 확충에 의해 인간이 진리와 하나가 될 수 있으며, 진리 체득이 되면 하늘의 의지를 깨달음은 물론 그 실천도 가능하다고 풀이한다.[78] 공영달孔穎達(574~648) 역시 천인합일의 입장에서 하늘의 이법을 터득한 대인과 하늘이 본래 하나라는 사실을 인식론적으로 해석하였다.[79] 이들에 의하면 선천은 마땅히 본받아야 하는 궁극적 대상이므로, 후천은 진리 파악과 실천을 바탕으로 이상적 인간이 되도록 노력하는 무대에 지나지 않는다.

『주역』을 선후천 사상으로 집약하여 말한 대표적 인물은 소강절이다. 그는 「설괘전」에 함축된 내용에 근거하여 복희괘도를 선천학으로, 문왕괘도를 후천학을 표상한 것이라고 단정하여 선천학에 그 가치를 높게 부여하였다. 그가 복희괘도를 선천학이라고 부르는 이유는 복희괘의 방위배치는 인간의 인위적인 사유에 의한 안배로 이루어진 것이 아니라고 판단한데 연유한다. 괘도가 그어지기 이전의 자연법칙 자체를 형상화한 것을 복희괘로 여겼

---

[77] 『易程傳』, "聖人先於天而天同之, 後於天而能順天者, 合於道而已. 合於道則人與鬼神, 豈能違也."

[78] 『周易本義』「건괘 문언전」, "先天弗違謂意之所爲, 黙與道契, 後天奉天謂知理如是, 奉而行之."

[79] 『周易正義』, "若在天時之先行事, 天乃在後不違, 是天合大人也, 若在天時之後行事, 能奉順上天, 是大人合天也."

기 때문이다.[80]

소강절은 주역의 이치를 해명하면서 복희역을 본체本體로 보고, 문왕역을 작용作用으로 인식하여 복희역을 선천역이라 부르고, 문왕역을 후천역이라 불렀다. 복희역과 문왕역은 공간적 방위와 시간적 흐름을 상징하는 수의 배열과 - 복희역은 1부터 8까지, 문왕역은 5를 제외한 1부터 9까지의 수로 나타난다 - 8괘를 배당하는 원칙이 다르다. 이 둘이 서로 다른 양상을 보이는 까닭에 대해 소강절은 본체의 영역이 현상세계로 진입하여 성장하는 과정을 복희역의 선천에서 문왕역의 후천으로 바뀌었다고 설명하였다.

소강절 이후의 학자들이 말하는 선후천론은 한결같이 이 세상이 탄생하기 이전을 선천, 그 이후를 후천으로 규정한다. '지금 여기에서' 살고 있는 이 세계는 후천의 세상이므로 선천은 인간이 직접 포착할 수 없는 형이상학적 영역이다. 그것은 현실에 의존하여 획득한 경험적 지식으로는 시공을 초월한 진리를 인식 불가능하다는 결론에서 비롯된 것이다.

이렇게 존재론적으로나 가치론적으로 선천에 큰 비중을 두는 까닭은 '경험 이전의 사태', '어떤 인간도 보거나 체험하지 못하

---

80 ①『朱子大全』「答袁機仲書」, "自初末有劃時, 設到六劃滿處者, 邵子所謂先天之學也. 卦成之後, 各因一義推說, 邵子所謂先天之學也." ②『伊川擊壤集』「天意吟」, "天意无他只自然, 自然之外更无天."

는' 태초 이전의 선천이라는 궁극적 세계에 주안점을 두기 때문이다. 전통적 주역관에 익숙한 과거의 학자들은 우리가 살고 있는 현실의 앞선 세계가 선천이며, 현재의 세계가 바로 후천이라고 풀이하였다.

하지만 김일부는 「설괘전」의 재해석을 통하여 전통의 선후천관을 완전히 뒤바꾼다. 그는 선천역을 현상적 변화의 배후에 존재하는 법칙성 안에서 반복하고 교류하는 '교역交易'으로 규정하고, 후천역은 근원적 변화를 통한 새로운 차원의 질서인 '변역變易'으로 규정하여 선천역과 후천역을 구분하였다. '변화'를 어떻게 개념규정하고 설명하는가에 따라 선천역과 후천역의 성격이 판연하게 달라지기 때문에 김일부는 역의 본래적 의의를 선후천 변화의 문제로 인식하였던 것이다.

보통 역의 의의는 이간易簡, 불역不易, 변역變易이라는 3가지 특징으로 설명되어 왔다.[81] 정이천과 주자를 비롯한 성리학자들은 우주의 보편적 원리를 변역의 입장보다는 오히려 실재론적 관점에서 불역을 중심으로 『주역』을 해석하였다. 그들은 현상 세계에서 일어나는 생성법칙을 '변역'으로, 현상계의 배후에서 자기 동일성을 유지하는 절대불변의 실재Reality 또는 시공을 초월하여 존재하는 진리, 혹은 모든 것이 변화하는 사실 자체는 변화하지

---

81 『易緯乾鑿度』「易緯說」, "易一名而含三義, 所謂易也, 變易也, 不易也."

않는다는 것을 '불역'으로 풀이하였다. 이처럼 현상계의 최종 근거를 묻고 대답하는 성리학은 주역을 해석할 때에 늘 '불역'의 입장을 선호하였던 것이다. 그 결과 시간의 문제를 배제함으로써 역동적인 세계를 설명하는데 한계를 갖지 않을 수 없었다.

2. 정역괘도 성립의 의의

  김일부는 자기 철학의 전부를 선후천의 전환에 따른 시간질서의 해명에 두어 『정역』을 시간론으로 일관시키고 있는데, 그가 말하는 선후천은 어떤 특정한 시점을 기준으로 앞과 뒤를 구분하는 형용사적 의미에 한정되지 않는다. 이는 선천에서 후천으로 넘어가는 출생 → 성장 → 성숙의 직선적 발전과정만이 아니라, 선천의 질서를 무너뜨리는 새로운 후천의 세계질서이므로 선후천변화는 대자연의 극적인 혁명을 뜻한다. 그것은 구질서의 파국을 넘어서 신질서를 밝히는 이론으로 나타났다. 따라서 선후천의 전도에 따른 새로운 우주관, 인생관, 가치관 등의 정립이 필수적일 수밖에 없다.

  이런 의미에서 『정역』은 『주역』에 대한 단순 해설서가 아니다. 정역사상은 선후천변화의 문제가 함축된 수역의 핵심을 주줄하여 완결하는 이른바 '주역을 바로잡는 역'이라는 뜻을 갖는다. 그래서 정역사상은 '주역에 대한 본질적 완성'을 의미하는 일종의 최종 결론서라는 성격이 부여되기도 한다.

김일부에 따르면, 주역에서 정역으로 완성되는 데는 3단계의 절차를 거친다. 복희괘 → 문왕괘 → 정역괘의 순서가 바로 그것이다.

복희팔괘도의 특징

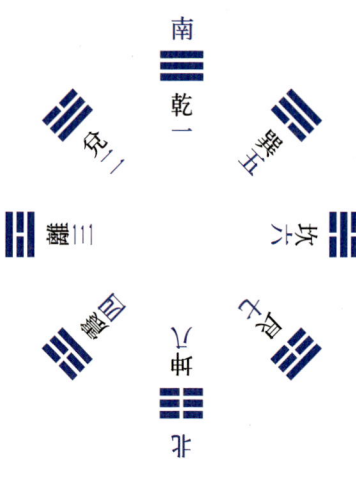

① 건1, 태2, 이3, 진4, 손5, 감6, 간7, 곤8의 수적 배열은 분열의 단계에서 아직 성장의 단계에 이르지 못한 상태를 나타내므로 복희괘는 '생장성生長成'에서 생生에 해당되는 생괘도生卦圖로 불린다.

② 모든 괘는 안에서 밖을 향하는 양상을 띠는데, 이는 만물이 태어나서 분열하는 모습을 상징한다.

③ 천지(인간적으로는 부모)를 뜻하는 건곤乾坤을 비롯하여, 6남매인 진震(장남)-손巽(장녀), 감坎(중남)-리離(중녀), 간艮(소남)-태兌(소녀)가 각각 대대對待적으로 상응하는 논리로 구성되어 있다.

④ 가장 중요한 문제로서 복희괘는 건남곤북乾南坤北의 방위를 이룬다. 이는 천지비괘天地否卦를 형상화한 것으로 만물의 생장이 갈등 구조로 전개됨을 시사한다.

⑤ 복희팔괘도를 시간적 생성의 측면에서 보면, 미래적인 하도 10수 원리의 완성을 전제로 하여 과거적인 낙서 '1태극'이 창조되는 이치를 반영한다.[82] 태극의 창조는 만물이 태어나는 생生의 과정을 표상한다.

⑥ 8괘는 전체 우주의 향방을 논리화한 것인데, 복희팔괘도는 2진법의 조직으로 전개되는 양상을 보인다.

문왕팔괘도의 특징

① 복희괘가 문왕괘로 전환됨은 만물이 왕성한 활동에 접어들었음을 표상한다.

② 중앙의 5황극을 포함하여 - 실제로 문왕팔괘도에는 직접 5가 나타나지는 않는다 - 1부터 9까지의 수가 나타난다. 수리적으로 9수는 만물의 성장이 극한에 이르렀음을 상징한다.

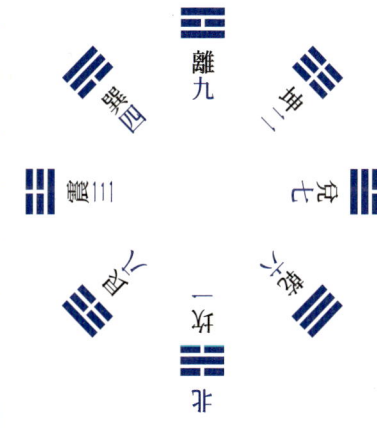

③ 문왕괘는 생장성生長成 중에

---

82 유남상, 「주체적 민족사관의 체계화를 위한 한국역학적 연구」 『충남대 인문과학논문집』, 1974, 142쪽

서 '장長'의 원리에 해당된다.

④ 남북의 감리坎離만 음양이 서로 상응하고, 나머지 곤坤과 간艮, 진震과 태兌, 건乾과 손巽은 모두 음양의 부조화를 이룬다. 오직 만물의 생성을 주도하는 감坎(中男)과 리離(中女)만이 조화를 이룬 반면에, 어머니인 곤坤과 막내아들인 간艮, 아버지인 건乾과 장녀인 손巽, 장남인 진震과 막내딸인 태兌가 서로 대응함은 윤리적인 패륜 현상을 나타낸다. 따라서 문왕괘는 만물이 상극적 구조로 진화함을 표상한다.

⑤ 복희괘와 마찬가지로 문왕괘는 괘의 구조가 내부에서 외부로 향하는, 즉 만물이 무한성장하는 양상을 드러낸다.

⑥ 문왕팔괘도는 낙서의 구조와 일치한다. 이 둘의 운동의 본체는 5황극이다. 5황극을 중심으로 서로 대응하는 음양을 합할 경우, 모두 만물의 완성을 상징하는 하도의 10수가 된다. 하지만 생수인 1·2·3·4와 성수인 6·7·8·9가 5황극을 중심으로 각각 1·9, 2·8, 3·7, 4·6의 형상으로 배열됨으로써 음양의 조화가 수반되지 않는 성장을 표상한다.

⑦ 문왕괘도의 두드러진 특징은 생성의 중심축인 건곤이 서북과 서남쪽으로 기울어져 있는 점이다. 이러한 구조가 생태계에 거대한 무질서를 창출했을 뿐만 아니라 도덕적 타락을 가져온 원인이 되었던 것이다.

여기에서 중요한 것은 김일부가 복희괘와 문왕괘의 배열을 통해 선천문명을 총체적으로 비판하고 있다는 점이다. 김일부는 「대역서大易序」에서 "복희는 거칠고 간략하게 팔괘를 그으시고, 문왕은 교묘하게 그렸으니, 천지가 기울어져 위태롭게 된 것이 2,800년이 되었도다(伏羲粗畵文王巧, 天地傾危二千八百)"라고 하여 건곤인 천지의 경사가 곧 상극의 원천이 되었음을 지적한 바 있다. 그래서 선천시대에 사용되는 과거와 현재의 윤역閏曆인 '초초지역初初之易'과 무윤역無閏曆의 미래역未來易인 '래래지역來來之易'을 저술한 근본 동기라고 강조하였던 것이다.

정역팔괘도의 특징

① 정역팔괘도에는 괘도의 변천사에서 처음으로 수리철학적 완전수인 10이 등장한다.[83] 『정역』「십오일언十五一言」의 "하늘과 땅의 도수는 무한한 것이 아니라, 무극을 표상

---

[83] 서양에서도 10은 추상적 의미에서 완성된 전체를, 가깝게는 손가락의 개수와 같다는 이유로 존중되어 왔다. 특히 10은 피타고라스학파에 의해 만물을 포괄하며, 만물이 경계를 이루는 '어머니'로 간주되었다. 또한 10은 네 정수의 합인 1+2+3+4=10의 형태로 구성되어 기하학적 정삼각형을 이룬다. 또한 포괄적인 수 10에서 존재의 근원과 현상들의 양극성, 4대 기본 원소 등이 어우러져 생겨난 것으로 간주한다. 이러한 10수의 다원성은 보다 높은 차원에서 다시 단일성에 이르게 된다. 즉 10은 새로운 다원성으로 나아가는 첫 번째 단계이다.(프란츠 칼 엔드레스·안네마리 쉼멜 저, 오석균 역, 『수의 신비와 마법』, 고려원 1996, 182-190쪽 참조.)

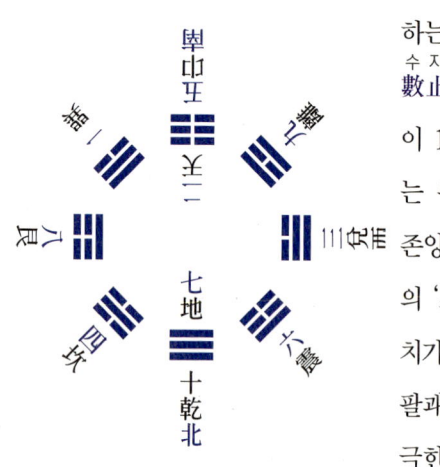

하는 10수에 그친다(天地之度, 數止乎十)."는 말이 그것이다. 이 10수에는 만물을 성숙시키는 원리와 함께 선천의 '억음존양抑陰尊陽'에 대비되는 후천의 '조양율음調陽律陰'이라는 이치가 응축되어 있다.[84] 즉 문왕팔괘도에 나타난 9수는 생성의 극한을 상징한다면, 정역팔괘도에는 분열로 치닫는 생장이 수렴작용에 의하여 역전되는 새로움의 창조원리가 함축되어 있다.

② 정역팔괘도의 본질은 음양의 조화에 있다. 10과 5의 건곤乾坤이 남북축을 형성하며, 만물의 완성을 상징하는 소남 소녀의 간태艮兌는 동서에서 화응하며, 중남중녀의 감리坎離는 동북과 서남에서 음양이 대응하며, 장남장녀의 진손震巽은 서북과 동남에서 조화를 이루는 형상을 보인다.

③ 정역괘가 복희괘나 문왕괘와 두드러지게 다른 점은 괘의 형상이 밖에서 안을 향하는 것이다. 그것은 팽창만을 일삼던 음양작용이 분열에서 수렴으로 바뀌어 통일 운동하는 모습

---

[84] 증산도사상은 '便陰便陽'과 '正陰正陽'으로 선천과 후천을 나누는 준거로 삼는다(『도전』 11:179:4/4:59:2)

을 시사한다. 특히 남북의 건곤괘 내부에 '이천칠지二天七地'가 자리매김한 점이다. 이는 생수生數의 2화火가 10건북乾北의 내부에, 성수成數의 7화火는 5곤지坤地의 내부에 위치함으로써 '물이 극한에 이르면 불을 생한다.'는 원칙에 따라 새로운 우주(좁게 말하면 지구의 성숙)를 태동하는 원동력을 의미한다.

④ 정역괘도는 금화교역金火交易을 직접적으로 나타내고 있다. 『정역』「십오일언十五一言」의 "土極生水, 水極生火, 火極生金, 金極生木, 木極生土, 土而生火."를 보면, 문왕괘에는 9이離火가 남방에 위치하고, 2곤坤地는 서남방에 위치한다. 그러나 정역괘에는 5곤坤地가 남방에 위치하고, 9이離火가 서남방으로 그 위치가 옮겨져 있다. 이는 금화교역의 이치와 더불어 후천에서는 태양을 상징하는 9이離火가 정남방에서 밀려나 서방으로 기울어짐을 뜻한다. 이때 土의 작용은 정역괘도에 그대로 나타나 있는데, 남방의 5곤坤地는 서남방의 9이離火를 생하므로 이를 '土而生火'라 하며, 북방의 10건乾天(10土)은 동북방의 4감坎水를 생하므로 이를 '土極生水'라 하는 것이다.[85]

금화교역은 「십오일언十五一言」의 "十은 紀요, 二는 經이

---

85 김주성, 『정역집주보해』(서울 : 태훈출판사, 1999), 67쪽 참조.

요, 五^{오}는 綱^{강}이요, 七^{칠}은 緯^{위}니라"에서도 확인할 수 있다. 즉 10 乾^{건}을 紀^{기}라 함은 10은 天地之數^{천지지수}로서 천지운행의 度數^{도수}를 가리키며, 5坤^{곤}을 綱^{강}이라 함은 순환체의 중추인 5황극으로서 중심의 강령이 됨을 말한다. 따라서 '二天七地^{이천칠지}'는 실질적인 괘위가 아니기 때문에 밖으로 드러나지 않은 숨겨진 천지의 법칙을 뜻한다. 二天七地^{이천칠지}의 經緯^{경위}는 선천의 參天兩地^{삼천양지}가 후천의 參地兩天^{삼지양천}으로 전도되는 변화를 뜻한다. 후천은 '三地^{삼지}'운동이 중심이므로 '兩天(二天)$^{양천 이천}$'은 북방의 10乾天^{건천}의 위로 퇴위하여 經^{경}이 되며, 七地^{칠지}는 선천의 七火^{칠화}의 氣^{기}로서 후천에서는 金火交易^{금화교역}으로 5坤地^{곤지}의 아래로 퇴위하여 緯^{위}가 되니, 이로써 선천의 乾坤天地^{건곤천지}가 후천에서는 坤乾地天^{곤건지천}으로 전도되는 이치를 밝힌 것이다.[86] 특히 "'土極生水^{토극생수}'는 후천의 克成^{극성}하는 이치를 말하는 것이요, '土而生火^{토이생화}'는 후천의 극성하는 時運^{시운}이 되면 十五^{십오}의 戊己土^{무기토}가 己位^{기위}와 戊位^{무위}에서 일월의 2·7火^{화}가 생하여 태양과 태음이 倒逆生成^{도역생성}하여 '金火互易^{금화호역}'이 되는 것을 가리킨다."[87]

⑤ 정역괘가 복희괘와 근본적으로 다른 점은 괘 구성의 핵심축인 건곤이 180° 역전되어 지천태괘地天泰卦의 형상을 이룬다는 사실이다. 그것은 선후천변화를 통한 시공의 기하학적

---

86 김주성, 앞의 책, 76쪽 참조.
87 한장경, 『周·正易』(서울 : 삶과 꿈, 2001), 499쪽.

근본 틀이 전환됨을 시사한다.

⑥ 8괘 배열의 원칙은 문왕팔괘도를 형식적으로 대체한 것이 아니다. 괘도는 원래 시각적 이미지(논리적 사고보다는 직관적 사고)로 자연을 이해하고 심미적 기준으로 진리에 접근하려는 동양 고대인이 세계를 바라보는 '창窓window'이었다. 김일부는 괘도의 배열방식으로 우주변화의 두 얼굴인 선천과 후천을 구분하고 논리화하여 선후천변화의 필연성을 논증하였고, 거기에 이념과 가치를 부여한 존재론과 인식론의 새로운 지평을 열었던 것이다.

⑦ 우주사의 긴 여정은 3번의 시간적 굴곡을 거친다는 것이 『정역』의 기본 입장이다. 『정역』「십일일언」의 "四正七宿用中數"를 보면, "역은 3변하는 이치가 있으니 건곤이요, 괘는 8개이니 비·태·손·익·함·항·기제·미제이다.(易三, 乾坤, 卦八, 否泰損益咸恒旣濟未濟.)"라고 한다. 이는 천지가 뒤집어진 형상인 건남곤북의 복희괘 → 분열로 치닫는 상극질서의 형상인 문왕괘 → 음양의 완전 조화체를 상징하는 정역괘로 발전하는 3단계를 말해주고 있다.

그러므로 김일부에 의해 정역팔괘도라고 최초로 천명된「설괘전」6장의 내용을 과거에는 복희괘나 문왕괘와 독립된 별도의 괘도로 인식되지 못하였다. 주자도 복희괘와 문왕괘의 연장선에서 방위만 약간 달라진 것으로 간주하여 원리적 해명을 회피하였던 것이다.[88] 김일부는 복희괘의 발전적 측면이 문왕괘도요, 문왕괘도의 발전적 측면을 정역괘도로 단정하여 복희괘와 정역괘를 매개하는 중간 과정을 문왕괘로 간주했다. 그러므로 괘도의 마지막 단계인 정역팔괘도의 질서는 우주변화의 완성을 전제한 배열이므로 그 3단계를 탄생(生birth) → 성장(長growth) → 성숙(成complete)으로 정리할 수 있다.

이상의 논의에서 볼 때, 정역팔괘도에 투영된 수리 구조는 우주의 완성형을 압축한 청사진이라 할 수 있다. 우주가 완성을 향해 진행되는 과정에 있음을 형상화시킨 것이 문왕팔괘도라면, 그것의 완성 모델이 바로 정역팔괘도인 것이다. 복희괘는 1태극을 중심으로 만물이 창조되는 모습을, 문왕괘는 5황극을 중심으로 만물이 길러지는 모습을, 정역괘는 10무극을 중심으로 만물이 통일되는 이치를 함축하고 있는 것이다.

---

[88] 『周易本義』, "此去乾坤而專言六子, 以見神之所爲然, 其位序用上章之說, 未詳其義." 그는 학자적 양심에 따라 자신이 모르는 것에 대해 후인들의 정확한 해석을 기다린다.

3. 존재론의 재인식 - 3극론三極論

현대물리학의 업적에 따르면, 이 세상은 처음에 시간과 공간이라고 이름붙일 수 없는 초극미의 있는 듯 없는 듯한 무경계의 상태에서 비롯되었다. 현재의 우주가 탄생하기 이전의 '아기우주 Baby universe'는 적막무짐寂寞無朕한 질서 이전의 그 무엇이었다. 이 막막하고 무질서한 상태를 '카오스Chaos'라고 한다. '혼돈'이라는 뜻이다. 카오스는 형상도 질서도 없는 하나의 조그만 덩어리에 지나지 않는다. 그 덩어리는 생명이 구체화되지 못한 상태, 하나의 사물로 형상화되지 못하여 모든 요소가 경계도 없는 무질서 속에서 질서로 나아가려고 꿈틀거리는 상태일 뿐이다.[89]

그런데 여기에 질서가 부여됨에 따라 '천지'라는 틀이 출현한다. 천지는 카오스를 정리한다. 혼돈상태에 마침표를 찍었다는 의미이다. 정역은 우주창조의 시원을 '반고盤古'에 둔다. 반고에서 분화되어 삼위일체적으로 나타난 것이 천황天皇, 지황地皇, 인

---

[89] 이와 반대되는 상태를 '코스모스Cosmos'라 한다. 코스모스란 아름답게 배열된 질서란 뜻이다.

황人皇이다.

소강절은 우주창조와 인류의 출현에 대해 "하늘은 자에서 열리고, 땅은 축에서 열리고, 인간은 인에서 일어난다(天開於子, 地闢於丑, 人起於寅)"라고 하여 일정한 시간적 순서에 따라 천지인이 형성되는 이치를 논의하였다. 그는 『황극경세서』에서 '원회운세元會運世'의 시간단위를 기준으로 역사는 순환한다고 주장하였다. 또한 소강절은 현재의 세계는 후천이며, 그 이전의 세계가 선천이라고 했다.

선후천관에 관한 한 소강절과 김일부는 견해를 달리한다. 『정역』에 의하면 지금의 세상이 바로 선천이며, 다시 시작될 미래의 세계가 바로 후천이다. 소강절과 김일부가 바라보는 선후천관은 다를 수밖에 없는 것이다. 김일부가 비록 소강절의 용어를 그대로 빌리지만, 논리전개의 패턴은 언제나 선후천론에 둔다. 김일부는 「십일일언十一一言」의 첫머리에서 "하늘의 정사는 자에서부터 시작되었으며, 땅의 정사는 축에서 열린다(天政開子, 地政闢丑)"고 하여 선후천의 중심축이 판연하게 달라짐을 언급했던 것이다.[90]

---

[90] 『正易註義』, "子爲一數而天政始開, 甲子起頭是也. 丑爲十土而地政大闢, 己丑起頭是也." 하늘의 정사(天政)는 홀수에서 시작하고, 땅의 정사(地政)는 짝수로 시작하는데, 그것은 하늘 중심의 사유에서 땅 중심으로 사유로 전환됨을 의미할 뿐만 아니라 후천은 하늘과 땅 모두가 짝수로 시작(己丑)된다는 뜻이다.

삼극원리

정역사상의 존재론은 무극, 태극, 황극의 3극 원리이다. 우주가 존재하기 위한 근원적 바탕으로서의 3극 원리가 존재하기 때문에 선후천이 순환할 수 있다는 것이다.

3극의 원리가 존재한다면, 어떻게 천지(하늘과 땅)가 분화되어 열릴 수 있는가. 이 물음은 무극을 바탕으로 천지만물이 어떻게 전개되어 나오는가를 묻는 문제, 즉 천지만물의 창조의 모체로서의 태극의 존재론적 근거의 문제로 귀결된다. 정역은 무극이 선행하여 존재하고 이로부터 태극이 출현했다는 입장을 견지한다.

『정역』의 삼극 원리와는 달리 과거의 성리학은 무극과 태극을 동일한 존재의 두 측면으로 간주하는 입장이다. 성리학의 대부로 불리는 주자朱子[91]는 무극과 태극의 동질성에 초점을 맞추어 무극이 태극의 바깥에 존재하지 않으며, 더욱이 무극이 태극을 초월한 것이 아니라고 한다. 그는 무극이 곧 태극이라고 규정하여 만물에 대한 태극의 초월성을 강조하는 형용사적 개념이 '무극'이라 하여 태극의 형이상학적 본체로서의 성격을 강화한다. 그래서 '무극이태극無極而太極'이라는 명제에서 '이而'를 and(이면서) 또

---

91 "然殊不知, 不言無極, 則太極同於一物,而不足爲萬化根本; 不言太極, 則無極淪於空寂, 而不能爲萬化根本."(『朱子大全』권36 「答陸梭山」 참조.)

는 but(이로되)이라는 접속사로 사용한다.

그러나 김일부의 『정역』에서 선천과 후천의 관계(既濟卦와 未濟卦)를 설명할 때 사용하는 '이而'는 결과적 용법으로 풀이된다. 무극 그 자체는 태극과의 동일성과 차별성을 포괄하는 궁극자가 되는 셈이다. 즉 무극은 태극과 황극을 포월하는 전체성을 뜻한다. 김일부는 논리적 무한퇴행infinite regression을 방지하기 위해 태극이 무극을 창조적으로 계승하는 존재로 여기고, 무극이 모든 것을 근거지우는 실질적 본원이라는 점을 염두에 두고 있다. 여기서 정역사상이 성리학을 비판적으로 계승함과 동시에 극복했다는 점이 한층 돋보인다.

김일부는 3극 원리를 두 가지 측면으로 해명한다. 하나는 논리적 해명이요, 다른 하나는 시간성의 차원에서 풀이함이 그것이다. 논리적으로 볼 때 무극은 엄연히 무극이며, 태극은 태극일 따름이다. 무극은 수리적으로 10이며, 태극은 1이다. 하지만 무극은 태극의 작용이 없으면 본체로서 성립할 수 없으며, 또한 태극은 무극이라는 근거가 없으면 지반이 성립될 수 없다. 시간성의 차원에서 보면, 무극의 열림이 태극이요, 태극은 바로 천지(하늘과 땅)의 열림이고 음양의 열림이다.

천지만물의 본원과 온갖 변화의 궁극적 근원은 '무극'이라 할 수 있다. 그렇다고 해서 무극이라고만 하고, 태극을 언급하지 않으면 무극은 아무 것도 없는 텅빈, 말 그대로 절대적 '무無'에 빠지게 된다. 이럴 경우 우주의 다양한 사물들은 생성될 수 없을 뿐만 아니라 만물은 생장수장의 순환도 불가능하다. 따라서 시간 흐름의 차원에서 본다면 무극과 태극은 동일한 존재이지만 존재론적 차원에서는 실로 다른 것으로 규정된다. 우주만물의 창조의 모체를 '근원적 바탕'에서 말한다면 무극이며, 실제적인 전개과정이라 일컬어지는 '발생론적 입장'에서는 태극이다. 왜냐하면 태극은 '무극의 열림'이 질서화 되어 만물을 창출하는 조화의 경계라고 말할 수 있기 때문이다.

결국 우주의 생성이란 무극에서 태극으로의 전환운동을 뜻한다. 태극의 창조운동으로 빚어진 우주만물은 분열과 통일을 거듭하여 지속적인 운동을 반복하는 것이다. 태극이 음양으로 분화되어 분열운동을 시작하면서부터 만물은 왕성한 생장의 단계에 접어든다. 이것이 분열의 극점에 이르면 다시 통일운동으로 바뀌게 된다. 그리고 통일의 극점에 이르게 되면 다시 분열운동을 시작한다. 이러한 분열과 통일운동의 순환적 리듬이 영원히 지속되도록 하는 운동의 본체로서, 만물에 대한 조화능력을 가진 존재가 바로 '황극皇極'이다. 황극의 주도에 의해 선천이 후천으로 바뀐다. 황극의 중재에 의해 낙서의 9수세계가 하도의 10수세계로 전환됨은 우주의 필연적 이법인 것이다. 이런 점에서 『정역』은 '황극대도皇極大道'라 불러도 과언이 아니다.

삼극원리의 존재 근거

김일부는 어떤 근거에서 삼극원리를 주장하게 되었는가. 이는 도서상수圖書象數에 뿌리를 두고 있다. 도서는 하도와 낙서를 말한다. 그런데 무극과 황극과 태극은 하도와 낙서의 도상에서 각각 그 위격이 다르게 표상되어 있다. 하도와 낙서의 도상에 나타난 차이점을 비교하여 정리하면 다음과 같다.

하도	낙서
10수의 도형	9수의 도형
음양의 조화와 균형	음양의 부조화와 불균형
양수(25) + 음수(30) = 55	양수(25) + 음수(20) = 45
전체수 10의 짝수로 구성	전체수 9의 홀수로 구성
조양율음調陽律陰의 구조	억음존양抑陰尊陽의 구조 (調陽律陰이 목표)
2·7, 4·9(서남방향)	2·7, 4·9(남서방향)
상생질서의 논리	상극질서의 논리
후천 10수(10土)의 통일의 원리	선천 9수(5土)의 분열의 원리

기존의 역학에서는 하도낙서를 자연의 변화현상을 축약하여 설명하는 방식인 괘의 성립근거라는 차원에서 언급했다. 그러나

『정역』은 하도낙서를 하늘이 내려준 신령스러운 존재론적 문서로 간주한다. "하늘과 땅의 이치는 3원이다. 원元(여기서의 '원'은 곧 一元이다. 一元의 삼위일체적 분화가 3원이다)에서 성인을 내리시고, 신령스런 물건으로 보이시니 하도와 낙서이다. 하도와 낙서의 이치는 후천과 선천이다."[92]는 내용이 그것이다. 김일부는 하도낙서에 반영된 신비성과 합리성을 바탕으로 선후천변화의 화두를 풀어나간다. 선천이 만물의 분열과 발전을 이끄는 9수의 낙서세계라면, 후천은 만물을 성숙시키고 종합 통일하는 10수의 하도세계이다. 이것이 바로 정역사상이 말하는 하도낙서의 본질적 의미인 것이다.

하도는 우주의 원초적 생명력이 음양과 오행의 짝을 이루어 천지를 변화시키고 어떻게 그 목적에 도달하는가 하는 우주창조의 설계도이자 계획서이며,[93] 생명이 스스로 변화하면서 자존하는 신비로운 모습을 상수논리로 해명하는 우주변화의 암호해독판이다.[94] 하지만 하도는 일종의 계획서에 지나지 않기 때문에 반드시 중간 단계로서 후천을 향해 진화해 나가는 낙서의 과정을 거

---

[92] "天地之理, 三元, 元降聖人, 示之神物, 乃圖乃書, 圖書之理, 后天先天"(『정역』, 「십오일언」). 민영은은 히도낙시에 근거한 성역사상의 요체를 '啓示錄' 또는 '天啓錄'이라고도 표현했다. (민영은, 『正易演解』「正易演解後序」, "蓋正易, 應其后天金火成道時運而天賜之書也.") 그렇다고 정역사상의 신비성에만 매몰되어서는 안 되고 그 합리성에 주목해야 한다.

[93] 이정호, 『정역연구』(서울: 국제대출판부,1983), 15쪽.

[94] 안경전, 『이것이 개벽이다』上(서울: 대원출판사, 1995), 527쪽.

쳐야만 한다. 하도의 설계에 따라 순차적으로 분화 전개되어 나타난 것이 바로 낙서의 선천이다. 또한 후천이 구현되기 위해서는 낙서가 다시 하도로 바뀌는 '금화교역'이라는 근본적 변화를 겪어야 하는 것이다.

낙서에는 10수의 무극이 존재하지 않는다. 낙서는 10수 하도의 세계를 희망할 따름이다. 이를 김일부는 하도낙서의 시간적 운동방식을 각각 '도생역성倒生逆成'과 '역생도성逆生倒成'으로 설명한다. "하도와 낙서원리는 후천과 선천의 뒤바뀜을 밝힌 것이요, 천지의 이치는 (수화)기제괘와 (화수)미제괘의 원리를 밝힌 것이다. 용도龍圖(하도)는 미제괘의 원리를 형상화한 것인데, 그 움직이는 모습은 거꾸로 태어나 거슬려서 이루니 (동기적 입장에서) 선천의 태극이다. 귀서龜書(낙서)는 기제괘의 수리를 밝힌 것인데, 거슬려 태어나 거꾸로 이루니 (결과적 입장에서) 후천의 무극이다."[95]는 이를 말해주고 있다.

이를 도표화하면 다음과 같다.

⑩→9→8→7→6→⑤→4→3→2→①	도생역성운동의 특징 : 통일 → 분열
①→2→3→4→⑤→6→7→8→9→⑩	역생도성운동의 특징 : 분열 → 통일

---

95 "圖書之理, 後天先天, 天地之道, 旣濟未濟. 龍圖, 未濟之象而倒生逆成, 先天太極. 龜書, 旣濟之數而逆生倒成, 後天無極."(『정역』「십오일언」)

정역사상에 의하면 하도의 중앙에 무극, 황극, 태극이 집중되어 있는 이유는 아직 시간적으로 현상화되지 않은 원리를 객관적으로 표상한 체계이며, 낙서는 시간적으로 이미 지나간 과거의 현상 질서를 표상한 것이다. 따라서 하도는 앞으로 전개될 미래적 시간성을 의미하며, 낙서는 과거에 그 뿌리를 둔 과거적 시간성을 의미한다. 이런 의미에서 3극 원리는 시간 생성의 구조와 선후천 변화의 근거를 밝힌 새로운 형이상학이라 할 수 있다.[96]

무극, 태극, 황극의 관계

3극의 관계에 대해 김일부는 다음과 같이 설명한다.

> "(열 손가락 중 무지拇指) 들어 보면 곧 무극이니 10이다. (10을 굽히면) 10은 (拇指인 1을 굽히면) 곧 태극이니 1이다. 1은 10이 없으면 그 본체(體)가 없음이요, 10은 1이 없으면 그 작용(用)이 없으니, 본체와 작용을 합하면 (중앙에 위치하는) 토土로서, 그 중中(하도의 중앙)에 위치하므로 5이니 황극이다."[97]

---

[96] 『주역』은 "六爻之動, 三極之道也"(「계사전」상, 2장)라고 한 바 있으며, 효의 발생근거에 대해서도 "六者, 非他也. 三才之道也."(「계사전」하, 11장)라고 하여 천지인 3才에 대응하는 3극원리가 존재함을 추정하는데 그치고 있다. 즉 『주역』은 3극원리와 시간의 문제를 구체적으로 연결하지 못하고 있다.

[97] 『정역』「십오일언」, "擧便無極이니 十이니라 十便是太極이니 一이니라 一이 无十이면 无用이니 合하면 土라 居中이 五니 皇極이니라"

10무극과 1태극은 체용관계이며, 이 체용을 통합시키는 존재가 바로 5황극이다. 무극은 태극의 형성을 목적으로 하며, 태극은 무극을 지향한다. 무극과 태극은 황극에서 집약 통합되어 '하나'가 되기 때문에 황극은 선후천변화의 '열쇠(中)'라 하겠다.

하도의 중앙에 있는 10무극과 5황극은 설계도의 중심적 원인체이며, 계획서의 핵심적 생명체이다. 그 안에 존재하는 1태극은 모든 설계와 계획의 기본적 인자인 동시에 최종 혹은 최초의 단위이다.[98] 이를 여성의 생리구조에 비유하면 자궁에 고정된 태반이 10무극이라면, 태아에게 영양분을 나르는 탯줄은 5황극에 해당되며, 영양분을 공급받는 태아의 배꼽은 1태극이라 할 수 있다.[99] 따라서 하나의 생명체로서의 태아는 10무극, 5황극, 1태극의 완전한 일치와 조화를 바탕으로 영양분을 공급받으면서 성장하는 것이다. 10무극의 태반은 5황극과 1태극의 탯줄과 배꼽이 각각 그 역할을 수행할 수 있는 근거지를 제공하면서, 스스로 또한 5황극과 1태극 사이에서 생명창조의 과정에 참여하는[100] 영원

---

[98] 이정호, 앞의 책, 53쪽.
[99] 이정호, 『정역과 일부』(서울: 아세아문화사, 1985), 25-26쪽 참조.
[100] 화이트헤드(1861-1947)는 변화하지 않고 고정된 실체로서 공간을 차지하는 것을 단순정위simple location라고 불렀다. 그는 서양의 전통철학과 신학에서 꾸준히 논의되었던 플라톤의 이데아Idea, 아리스토텔레스의 실체Substance, 기독교의 신God, 칸트의 물자체Ding-an-sich 등의 개념을 단순정위라고 규정했는데, 김일부는 이러한 고정된 실체의 성격을 갖는 사고를 철저히 부정한다. "정역은 중국역학의 맹점을 극복하여 하도와 낙서 속에 담겨져

한 지속성을 본질로 삼는 것이다.

김일부는 3극론으로 만물의 근원을 비롯하여 선후천의 변화에 대한 역동적인 3원三元의 존재론을 정립하였다. 이때 무극은 우주조화의 본원이며, 태극은 무극의 조화성이 열리면서 질서화되는 경계를 뜻한다. 즉 우주는 무극의 자기 현상화이고, 태극은 음양의 분화를 통해 만물을 빚어내는 창조의 본체라 할 수 있다. 예를 들어 하루 자체가 무극이라면, 무극이 구체적으로 전개되는 낮과 밤의 음양질서가 바로 태극인 것이다. 즉 10무극은 우주조화의 근원정신이며, 1태극은 무극이 열려 질서화되는 우주의 본체로서 무극을 대행하는 경계자리라고 할 수 있다.

비록 태극의 바탕은 무극이지만, 무극이 현실적으로 우주질서를 열어 작용할 때는 태극의 음양운동을 통해 천지만물을 생성하는 것이다. 우주의 생성은 그 근원에서부터 무극이 태극으로 열려 천지의 분열운동과 통일운동을 반복하고 변화와 순환을 지속함으로써 이루어지는데, 이 순환의 지속성을 가능케 하는 생장 변화의 중추적 역할을 하는 것이 5황극이다. 따라서 무극은 황극과 태극이라는 두 힘의 본원으로서 창조의 생성과정에 개입하고 세계를 변화시키는 포괄적 궁극자인 것이다.

있는 실체론적 성격을 완전히 제거하려고 시도했다"(김상일, 『화이트헤드와 동양철학』(서울: 서광서, 1993, 14쪽 참조)라는 지적은 타당하다.

『정역』은 우주생성의 기원과 과정, 그리고 선후천의 변화를 '무극이태극無極而太極', '황극이무극皇極而無極'의 질서로 요약한다. 선천 황극이 낙서의 5황극이라면, 선후천변화의 핵심은 하도의 5황극의 조화로 이루어진다. 역생도성逆生倒成의 낙서에서는 1과 9의 '중中'은 분명히 5황극이다. 도생역성倒生逆成의 하도에서는 어떤가. 10과 1의 중中인 황극의 명칭은 5황극이지만 실제로는 여섯 번째에 있다. 왜냐하면 도생법칙의 10, 9, 8, 7, 6, 5의 순서대로 10무극에서 5황극까지 헤아리면 도생의 5는 10에서 여섯 번째가 되기 때문이다. 이처럼 선천의 역생도성에서는 5황극이 후천의 도생역성에서는 여섯 번째에 있으므로 정역은 '포오함육包五含六'이라 하였고, 황극을 선후천변화의 관건으로 여겼던 것이다.

황극은 선천의 5와 후천의 6을 동시적으로 내포하는 이중적 의미를 갖는다. '포오함육包五含六'의 의미가 그것이다. 김일부는 '포오함육'의 5와 6을 '황중월체성수皇中月體成數'라고 규정한다. 즉 5와 6은 황극의 본질에 있어서는 동일한 것이지만, 상수 5는 선천의 중심축으로 작용하며, 상수 6은 후천의 중심축으로 작용한다는 점이 다르다. 그것은 운동방식이 바뀜에 따라 선후천이 전환되기 때문이다.

'도생역성'에서 '역생도성'으로의 순환질서에서 이러한 전환을 일으키는 운동의 본체가 황극인 까닭에 음양의 구조는 역시 선천의 '삼천양지三天兩地'에서 후천의 '양지삼천三地兩天'으로 바뀌는 것이다. 다시 말해서 중심축이 상수 5에서 상수 6으로 전환됨에 의해 선천이 후천으로 교체되는 현상이 나타나게 되는데, 그것은 또한 무극과 태극이 합일되는 '십진일퇴十退一進'의 원리로 직결되는 것이다.

하도의 '십진일퇴十退一進'란 도생의 순서에서 엄지손가락(무지拇指)를 굽히면 10을 상징하는데, 그것은 10이 물러나는(退) 운동과 나아가는(進진) 운동을 동시적으로 표상하는 '무극인 동시에 태극(無極而太極무극이태극)'의 논리이다. 그리고 '포오함육'은 도생의 순서로 새끼손가락(小指소지)를 펴면(伸신) 6을 상징하는데, 거기에는 이미 과거의 모든 것을 함축한 의미에서의 5를 포괄한 후천 황극의 형상이기 때문에 '황극이무극皇極而無極'의 논리로 압축할 수 있다.

선천의 황극은 1과 9의 중中으로서 태극의 생명을 조율하여 생명의 촉진과 만물을 생장시키는 것이 목표이지만, 후천의 황극은 11의 중中으로서 이미 완전히 자란 태극을 무극으로 환원시켜 10수의 새로운 세계가 열리도록 하는데 그 목표가 있는 것이다. 따라서 『정역』의 근본정신은 황극론에 있다고 해도 크게 틀리지 않는다.

개벽은 천심월天心月에서 황심월皇心月로의 전환

김일부는 선천에서 후천으로의 전환에 대해 구체적인 시공의 변화양상으로 말하고 있다. 이를 그는 「화무상제언化无上帝言」편에서 "복상에서 달을 일으키면 천심에 당하고, 황중에 달을 일으키면 황심에 당하는구나(復上起月當天心, 皇中起月當皇心)"라고 표현하였다. 다시 말하면, '복'에서 일으킨 천심월은 선천의 중심이요, '황중'에서 일으킨 황심월은 후천의 중심이 된다는 뜻이다.

'복상=천심'에서 '황중=황심'으로의 이동은 선천과 후천의 중심축이 변동함을 말해주고 있다. 중심축이 이동한다는 것은 선천에서 후천으로의 새로운 질서가 정립됨을 의미한다. 중심축의 변화는 역법에서도 확인이 된다. 선천의 낡은 틀을 벗어버리고 후천의 새로운 틀이 세워지기 위해서는 자연의 변화를 예상하지 않을 수 없기 때문이다.

『정역』에서 말하는 자연변화는 일월변화日月變化가 대표하고, 해와 달의 변화는 달의 변화가 대표한다. 「금화오송金火五頌」의 "달은 자子(壬子를 뜻함)에서 회복하니 30일이 그믐이니 후천이다"라는 구절에 비추어 보면, 복상은 선천의 제1일을 가리키고, 황중은 후천 보름달의 제1일, 즉 선천 제16일을 가리킨다. 따라서 달을 선천 초하루에서부터 계산해서 15일은 천심에 해당되므로 이를 천심월이라 부르고, 달을 제16일부터 계산해서 15일 뒤는 황심에 해당되므로 이를 황심월이라 부른다. 계산하는 달을 기준으로 말할 경우는 선천월이 복상월이요 후천월이 황심월이지만, 15일 훗달을 기준으로 말할 경우는 전자가 천심월이요, 후자가 황심월이 된다.[101]

그래서 김일부는 "달이 복상에 일으키면 천심월이요, 달을 황중에 일으키면 황심월이옵니다"(「화무상제언化无上帝言」)라고 하였다. 결국 황중월은 선천 16일의 달인 동시에 후천 초하루 달이 됨을 설명한 것이다. 이처럼 달 운행에서 삭망朔望 15일의 전환이 바로 선후천의 전도이며, 내용적으로는 자연변화가 구체적인 시간의 변화로 나타나는 것이다.

천심월에서 황심월로의 전환은 천간으로도 알 수 있다.

"황심월은 후천의 기위己位에서 일으킨 달이다. 즉 선천의 달은 복상월復上月이요, 천심월天心月이다. 천간의 배열에서 천심월은 '갑기甲己' 질서에서 일어나는 달이라면, 황심월은 '기갑己甲' 질서에서 일어난다."[102]

황중은 무오토戊五土요, 황심은 기십토己十土를 가리킨다. 선천의 6갑 질서는 갑甲에서 시작한다. 그런데 선천의 극적인 전환점 Turning point에 이르면 '기갑己甲'의 질서로 바뀜을 뜻한다. 이는 정

---

101 이정호, 앞의 책, 116쪽 참조.
102 권영원, 『正易句解』(대전: 상생출판, 2011), 263-264쪽.

역팔괘도에서 10건북乾北과 5곤지坤地의 모습과 동일하다.

『정역』에 따르면 천간배열에서 '무戊'자리는 후천태음의 어머니이며, '기己'자리는 선천태양의 아버지에 해당된다. 선천 6갑의 갑, 을, 병, 정, 무, 기, 경, 신, 임, 계의 질서가 후천에서는 기, 경, 신, 임, 계, 갑, 을, 병, 정, 무의 질서로 바뀌기 때문에 '무'는 선천에서는 5황극이지만 후천에서는 10무극이 되며, '기己'는 10무극이면서 1태극이 되는 것이다. 즉 '무戊'자리의 황극은 선천의 중심축이요, '기己'자리의 무극은 후천의 중심축이 된다. '무'와 '기'는 선후천변화에 있어서 5토土와 10토土를 이루는데, 이때 5황극은 10무극과 1태극을 창조의 본체로 삼아 만물의 성장과 분열운동을 지속적으로 이끌어가는 운동의 본체로서의 중추적인 역할을 담당하는 것이다.

이와 같이 무극과 황극과 태극의 합일을 강조하는 정역사상은 인간과 우주, 문명과 역사가 근본적으로 조화를 이루는 이상적 세계를 꿈꾼다. 그것은 인간이 사회생활을 영위하는 가운데 제도적 정비나 도덕적 구현을 통해 이루어지는 성질이 아니라, 본질적으로 자연의 탈바꿈을 통해서만 가능함을 시사한다. 이러한 사실은 『주역』의 11번째의 괘인 지천태괘地天泰卦에서 확인할 수 있다. 예컨대 「괘사」에서는 "태괘의 원리는 작은 것은 물러나고, 큰 것이 도래한다(泰, 小往大來)"라고 했으며, 3효의 「상전」에서는 "가서 돌아오지 않음이 없는 것은 하늘과 땅이 만나는 시기이다(无往不復, 天地際也)"라고 하여 선후천의 필연적 순환성을 설명한 바 있다.

4. 새로운 중[皇中]의 발견
- 황극, 생명의 징검다리

주지하다시피 『주역』은 변화 속에 담긴 질서와 이치를 읽어내어 인간의 도덕적 당위성을 얘기하고 있다. 『주역』은 변화의 학문이다. 변화는 시간의 흐름을 통해 드러난다. 『주역』 64괘 어느 하나도 자연과 역사와 시간의 변화를 말하지 않은 곳이 없다. 이는 세상에서 가장 중요한 것이 바로 '때(시간[時])'라는 것과 다르지 않다. 『주역』은 이 세상의 다양한 변화상을 시공의 전개라고 규정한다. 정이천은 성리학을 정초할 때, 진리와 시간의 전개방식을 따르라는 수괘隨卦의 정신에 입각하여 "역은 변역이다. 때(시간)에 따라 변화하여 도를 따른다[易, 變易也, '隨時 變易以從道也]"는 주제를 성리학의 이론적 근거로 삼았다. 이러한 주장은 단순한 잠언에 그치지 않는다. 정이천에 의하면 만물은 시간의 질서에 의거하여 생성과 변화를 지속하고, 자연과 역사와 문명의 수레바퀴는 시간의 흐름을 타면서 변화하기 때문에 시간을 시간이게끔 하는 시간의 본성[時間性=道]에 대한 통찰이 매우 중요함을 지적하였다.

따라서 '시간의 변화를 따른다'[103]는 말은 언제 어디서든 주어진 상황에 알맞게 실천하라는 윤리적 당위만을 가리키지 않는다. 왜냐하면 그때마다의 사건에 임기응변으로 처신하는 태도는 자칫 상황논리에 빠질 위험이 있기 때문이다. 상황논리는 상대적 시간관과 상대적 도덕관을 정당화하는 오류를 낳아 세상을 어지럽게 만드는 주요 원인이므로 반드시 기피되어야 옳다는 뜻이다. 이러한 상황론의 긍정을 불식시키기 위해 『주역』은 시간의 본성[道]에 대한 궁극적 인식을 강조하였다. 『주역』이 말하는 시간의 본성은 '시의성時義性 = 시의성時宜性'으로 표현되는데, 그것은 항상 당위의 문제와 직결되어 있다. 이 시의성에 투영된 자연의 수학적 리듬에 대한 객관적 표상[104]을 시간의 본질로 보는 것이 정

---

103 '시간의 본성에 따른다[隨時]'는 말은 시간의 질서에 발맞추어 인격을 함양하고 실천해야 한다는 뜻이 짙게 배어 있다. 보통 시간의 본성을 깨달은 사람을 '철이 들었다'고 말하는 것은 『주역』이 시간에 대한 인식론의 역사로 발전해 왔음을 증거하는 간접적인 예시이다.

104 마리 루이제 폰 프란츠 지음/윤원철 옮김, 『시간이란』(서울: 평단, 2013), 58-60쪽 참조, "시간을 數와 연관시킨 것은 플라톤 뿐만 아니다. 아리스토텔레스도 '시간이란 前後로 배열되는 움직임의 숫자, 또는 시간이란 곧 계속되는 움직임의 수'라고 말하여 시간을 일종의 수라고 생각했다. … 시간과 數가 관련이 있다고 보는 것은 동양인들의 기본 관념 가운데 하나다. 그러나 量으로서의 수는 중시하지 않았다. 그들은 수의 질적인 측면을 강조했는데, 질적인 내용을 나타내는 표상 또는 상징으로서의 수를 생각했다. … 數는 우주의 기본 형태가 일종의 위계질서로 짜여 있다는 점을 반영하는 표상으로 인식했다. …

역사상의 입장이다. 따라서 현실적인 시간의 근거가 바로『정역』이 줄곧 추구했던 시간론의 핵심이라 할 수 있다. 이런 의미에서『정역』은 시간성의 구조는 무엇이고, 시간의 거대한 물결이 어떻게 선천에서 후천으로 전환되는가의 문제를 밝혀 시간의 질서에 따르라[隨]고 촉구하였던 것이다.

그만큼 이 세상에서 시간과 공간보다 신비스런 존재가 없으며, 그것을 헤아리는 인간 역시 위대한 존재라는 뜻이 반영되어 있다. 시간 자체가 스스로의 의지를 현실에 드러내는 형식은 공간이다. 공간이 특정한 위치와 범위와 방향의 종합이라면, 시간은 시대와 여러 사건들의 흐름을 비롯한 계절의 축적이라는 형태를 띠고 있다. 공간이 계층구조의 패턴에 따라 분포되는 특성이라면, 시간은 다양한 주기성의 형태로 전개되기 때문에 유형의 사물과 무형의 사태들은 운동과 시간의 형식으로 드러나는 것이다. 따라서 시간을 인식한다는 것은 곧 시간을 섭리하는 절대자의 의지를 깨닫는 일이며, 시간을 통해서 시간 너머에 존재하는 절대자를 만나는 것과 같다고도 할 수도 있다.

『주역』 전체에 걸쳐 '시간과 때[時]'를 얼마나 강조했는지는 아무리 지적해도 지나치지 않다. 김일부는 시종일관 자신의 철학을 시간의 문제로 풀었다. 그는 주역학의 패러다임을 혁신적으로

시간은 우주 전체가 정해진 여러 단계에 따라 변화해 가는 과정으로 구성된다"는 것이다.

바꾸어 시간론의 지평으로 새롭게 열어 제쳤던 것이다. 김일부가 말하는 시간론의 핵심은 선후천의 교체에 있다. 그는 가장 먼저 3극론(무극, 태극, 황극)을 수립하여 선후천 변화의 논리적 근거를 확보한 다음에 존재론과 생성론의 사실적 통합을 겨냥하여 시간의 본질적 전환 이론의 정합성을 검증하였다.[105] 그는 존재계의 질서와 생성계 질서 사이의 부조화로 말미암아 자연계에 엄청난 불균형을 안긴 세상이 선천이며, 후천은 먼저 존재계의 질서로부터 창조적 변화[造化 조화]가 일어나 생성계에 음양의 균형이 이루어지는 세상이라고 진단하였다. 그렇다면 존재와 생성 사이에 물샐틈없이 일치된 질서가 수립되려면 무엇이 어떻게 변화해야 하는가? 존재계에서는 10수 무극이 열려야 하고, 생성계에서는 10수 무극이 열림에 따라 정음정양正陰正陽의 자연환경과 보편적 가치가 실현될 수 있는 터전이 형성되어야 한다.[106] 이때 존재론의 영역에서 선천을 후천으로 바꾸는 관건은 '시간을 움직이

---

105 3극론이 존재론이라면, 음양오행설은 생성론에 속한다.
106 서양철학사에서 파르메니데스의 존재론과 헤라클레이토스의 생성론은 평행선을 달리면서 발전하였다. 평행선은 만날 수 없으나 헤어진 적도 없다. 존재론과 생성론 양자 모두가 철학적 사유의 모티프라는 뜻이다. 파르메니데스에 의하면, 생성과 변화는 인간 감각의 불완전에 기인한 것일 뿐이므로 불변의 존재만을 신뢰할 수 있다고 한다. 반면에 헤라클레이토스는 '만물은 흐른다(Panta Rei)'라고 외쳐 생성과 변화를 지속하게 하는 사물의 실재를 불변적 존재로 보는 것은 관념적 추상의 세계관에 불과하기 때문에 진정으로 믿을 수 있는 것은 낳고 이루는[生成] 변화라고 단정하였다. 따라서 서양철학사는 불변(존재)와 변화(생성) 중에서 어느 것을 지지하느냐에 따라 수많은 학파가 형성되었다.

는 굴대[時中]를 뜻하는 황극皇極에 있다. 황극은 모든 것의 중심(Core, Center)이다. 선천의 중심이 5라면, 후천의 중심은 6이다. 그렇다고 5와 6은 별개의 황극이 아니라, 선천의 중심축은 5로 작동하고 후천은 6으로 작동하기 때문에 황극은 동일한 원리의 두 얼굴일 뿐이다. 이는 중中(황극)[107]에 대한 일종의 혁명인 동시에 선후천을 관통하는 새로운 중中의 발견이라 할 수 있다.

유교 윤리에서 중中은 편협하거나 치우치지 않는 중정中正과 중화中和의 지극한 경지를 뜻하며, 용庸은 평상平常과 상도常道의 규범과 실천의 정당성을 뜻한다. 『중용』은 "희노애락이 드러나지 않은 상태를 중이라 하고, 드러나 모두 절도에 알맞은 것을 화라 한다. 중은 천하의 위대한 근본이요, 화는 천하의 달도이다. 중화의 극치에 이르면 천지가 자리잡히며 만물이 길러지는 것이다"[108]라고 말하여 중中은 생명의 근거인 동시에 일을 처리할 때 지나치지 않고 모자라지도 않는 삶의 최고의 준칙 또는 도덕적 수양과 일상사의 기본 원칙이라는 것이다. 그래서 "양단兩端을 잡아 중용

---

[107] 中이 곧 皇極이며, 황극의 주도에 의해 선천이 후천으로 바뀌는 우주의 역동적인 자율성이 時中이라는 것이 정역사상의 입장이다. 애당초 유교는 中을 초보적인 수준에서 세계를 형성하는 근본이라고 상정했으나, 점차 시대를 내려오면서 中을 윤리도덕의 보편적 가치 개념으로 사용하였다. 하지만 김일부는 中을 우주론과 시간론의 핵심으로 승격시켰고, 더 나아가 皇極을 중심으로 선후천 변화에 부합하는 새로운 시간관을 수립하였다.

[108] 『중용』 1장, "喜怒哀樂之未發謂之中, 發而皆中節謂之和. 中也者, 天下之大本也; 和也者, 天下之達道也. 致中和, 天地位焉, 萬物育焉."

을 백성들에게 쓰라"[109]고 말하여 대립된 양극단의 통일과 중화를 통한 중용의 사회화를 강조했다. 결국 중용은 조화調和의 극치로서 '언제[時間] 어디서든지[空間]' 항상성을 담지하는 보편타당한 가치라는 뜻을 함축한다.

한편 '시중時中'은 '때 시時' 자와 '가운데 중中' 자가 결합된 개념이다. '시'는 시대와 문화와 정치 상황 전체와 공동체 안에서 '나'라는 개인이 지닌 위치와 역할과 사명을 포함한 구체적인 현실 전체를 의미한다. '가운데 중'은 구체적 상황 속에서 과녁에 적중한다는 뜻이다.[110]

사전적 의미에서 '시중'은 어떤 상황일지라도 넘치지도 않고 모자라지도 않는[過不及] 극도의 적절한 중용의 인식과 실천을 뜻한다. 하지만 김일부는 중용의 도덕적 의미보다는 오히려 시간의 궁극적 의미를 성찰함으로써 시간 '자체'에 질서화된 시간의 거대한 흐름의 목적과 의지 또는 영혼을 읽어내려고 꾀하였다. 과거에는 특정한 시간에 알맞은 적절한 행위를 시중이라고 해석했던 까닭에 현실적 시간의 근거인 시간 자체에 대한 물음은 소

---

109 『중용』 2장, "仲尼曰 君子 中庸, 小人 反中庸. 君子之中庸也, 君子而時中; 小人之中庸也, 小人而無忌憚也. … 子曰 舜其大知也與! 舜好問而好察邇言, 隱惡而揚善. 執其兩端, 用其中於民."
110 김승혜, 『유교의 時中과 그리스도교의 식별』(서울: 바오로딸, 2005), 10쪽 참조, "그것은 천리天理나 기독교의 시각에서 보면 하느님의 뜻에 적중하는 것을 헤아려서 그것을 선택하고 결단하여 실천한다는 것이다."

홀히 다뤘다는 것이다. 시간을 섭리하는 영혼을 노래한 캐나다의 수필가는 "시간이란 만물의 중심에서 동시에 솟아나며, 시간의 화살은 동시에 모든 곳을 향하며, 삼라만상은 시간과 함께 빛난다"[111]고 말한 바 있다. 시중에 대한 김일부의 통찰은 매우 간단하다. 그는 시간을 과거와 현재와 미래를 낳는 생명활동의 모체이며, 만물의 중심에서 선후천 변화를 이끌어내는[時中] 질서의 창고라고 인식했다.

유교는 인간에게 내린 시간의 선물을 시중時中이라고 했다. 그러나 김일부는 차안此岸(선천)과 피안彼岸(후천)을 관통하는 시간의 비밀스런 손길을 들여다보고, 시간의 DNA를 분석하여 그 결과물을 『정역』으로 내놓았다. 그는 시간의 흐름을 주도하는 실체를 사주四柱의 형식을 빌려 해명한다. 그리고 선후천 변화에 대한 논증 역시 왼손 손가락 셈법에 의존하여 시간의 심층적 구조를 해부하였던 것이다.[112]

김일부는 시중의 재해석을 통해 선후천 전환의 필연성과 당위

---

111 크리스토퍼 듀드니 지음, 진우기 옮김, 『세상의 혼- 시간을 말하다』(서울: 예원미디어, 2010), 373쪽

112 앞 도표의 無極體位度數・皇極體位度數・日極體位度數・月極體位度數 항목에 나타나 있듯이, 四柱를 바탕으로 인간의 미래와 운명을 풀어내는 명리학命理學의 손가락 셈법과 유사한 방법론으로 아무리 역법의 구성근거와 선후천 변화를 밝힌다 할지라도 『정역』에 대한 부정적 인식을 씻어내기 어려운 점이 있다.

성의 논증에 집중하였다. 그 심장부에 황극이 있다. 황극은 김일부에 의해 기존의 정치학 또는 윤리학의 범주를 넘어서 우주론과 시간론의 핵심으로 부각되어 새롭게 해석되었던 것이다.

그러면 시간과 공간은 어디서 무엇에 의해 생겨났을까? 이러한 물음은 시간과 공간을 만들어내는 그 무엇이 존재한다는 말과 통한다. 이에 대한 논의는 과학과 철학과 종교의 경계를 넘나드는 담론이기 때문에 쉽게 해결될 수 있는 문제가 아니다. 왜냐하면 시간은 변화를 설명하는 수단인가, 아니면 변화를 가능하게 하는 궁극적 실재인가라는 물음과 맞물려 있기 때문이다. 이처럼 시간과 변화는 정역사상의 매우 중요한 화두였다. 김일부는 시간에 대한 형이상학적 체계화보다는 시간의 본질적 변화에 관심을 가졌고, 변화를 말하더라도 현상의 변화보다는 선후천 변화가 시간론의 근본이라고 확신하였다.[113] 이는 기존의 동서양 시간론자들이 전혀 언급하지 못했던 획기적인 발상이다. 그것은 시간의 본질적 변화에 대한 새로운 형이상학으로 나타났고, 그 정체가 바로 3극론이다.

3극론의 이론적 근거와 설명방식은 무엇인가? 김일부는 주로 역철학을 중심으로 3극론을 구상하고 체계화했다. 특히 그 동안

---

[113] 시간과 변화는 맞물려 존재한다. 변화에는 현상적 변화와 본질적 변화가 있다. 김일부는 시간의 본질은 변화하지 않는다는 전통의 사유를 극복하여 특정한 시간대에 1년 365¼일 1년 360일로 변화한다는 혁명적 시간관을 제시했다.

은 별개의 학설로 전승되었던 하도낙서와 3극론과 6갑의 조직논리 및 역법의 구성원칙을 하나로 통합하여 선후천 변화를 설명하는 시간론을 세웠다. 그리고 종교철학의 극치에서 정역사상은 하늘의 명령[天命]인 동시에 하나님 또는 신의 계시에 의해 성립되었고, 『정역』은 기쁨의 눈물을 흘리면서 하나님께 봉헌한 고백록이라고 하였다. 김일부가 59세(1884년) 때, 화무상제化无上帝는 김일부에게 하늘땅에 죄를 짓지 않기 위해서는 수리철학의 해명에 심사숙고를 거듭한 다음에 책을 쓰라고 권장했다. 그는 이러한 화무상제의 말씀을 가슴 깊이 새겼다. 화무상제에 대한 자신의 신분을 불초자不肖子[114]라 칭하여 『정역』은 철학적 관념의 울타리에서 벗어나 화무상제와 직접 말 없는 대화를 통해 이루어졌다고 증언했다. 그는 선후천 변화에 대한 도수를 헤아릴 때, 한 치의 오차도 없이 어긋나지 않게 추론하는 행위 자체가 생명의 부모인 화무상제에 대한 진정한 효도라고 밝히고, 사무치는 마음으로 흐느껴 울면서 글을 바친다는 신앙고백에서 그의 종교적 자세를 엿볼 수 있다.

推衍 无或違正倫
추연 무혹위정륜

천지의 이치를 추론함에 혹 올바른 윤리를 어기지 말라!

---

114 부모 앞에서 자신을 낮춰서 일컬을 때 쓰는 표현이다. 不肖의 肖는 닮았다는 뜻이다.

<small>도 상 천 리 부 모 위</small>
倒喪天理 父母危

천리를 거꾸로 잃어버리면 부모님 위태하시다.

<small>불 초 감 언 추 리 수</small>
不肖敢焉推理數

불초가 감히 어찌 이치의 수를 추론하리오마는

<small>지 원 안 태 부 모 심</small>
只願安泰父母心

오로지 부모님 마음이 편안하시기를 원할 뿐입니다.

<small>세 갑 신 칠 월 십 칠 일 기 미</small>
歲甲申七月十七日己未

갑신년 7월 17일 기미에

<small>불 초 자 김 항 감 읍 봉 서</small>
不肖子 金恒 感泣奉書[115]

불초자 김항은 흐느껴 울며 받들어 쓰옵니다.

신화학자 엘리아데(Mircea Eliade: 1907~1986)는 성스러운 시간과 세속적인 시간을 구분하여 시간의 두 얼굴을 비교한 바 있다. "종교적 인간은 두 종류의 시간 속에서 사는데, 그 중에서 더 큰 중요성을 갖는 성스러운 시간은 … 곧 근원의 시간이며, 실재가 창조되고 처음으로 완전히 표현된 굉장한 순간이므로 인간

---

115 『정역』「십오일언」"化无上帝重言". 이밖에도 「십오일언」"十一吟"에는 1885년 6월 28일, 『정역』을 탈고한 뒤 '불초자 金恒은 삼가 받들어 쓰다[不肖子 金恒, 謹奉書]'라고 말하여 인격화된 天地 또는 하나님께 공손한 마음으로 『정역』을 바치는 종교인의 자세를 갖추었다.

4. 새로운 중[皇中]의 발견 - 황극, 생명의 징검다리 125

은 주기적으로 그 근원적인 시간에로 돌아가고자 추구한다. 이처럼 실재가 처음으로 현현된 그 시간을 제의祭儀적으로 재현하는 것은 모든 성스러운 달력의 기초가 된다. … 최고로 탁월한 근원의 시간은 우주 창조의 시간, 실재의 가장 위대한 모습 즉 세계가 최초로 출현한 순간이다. 그것은 모든 거룩한 시간의 모델이 되는 것이다."[116] 성스러운 시간은 인간과 사회로 하여금 코스모스의 질서와 의지를 닮게 만들었다는 것이다. 엘리아데가 말하는 성스러운 시간은 세속의 더러움으로부터 격리되어야 마땅한 경건한 마음에서 비롯된 시간을 뜻한다.

한편 세속의 시간은 삶의 우환에 얽매여 매일 쳇바퀴처럼 반복되는 단순한 시간일 따름이다. 성스러운 시간이 창조적인 시간이라면, 인간에 의해 속물화된 세속의 시간은 인간을 타락과 환멸에 빠지게 만든다. 그럼에도 현대인들은 거룩한 시간을 포기하고 벽에 걸린 괘종 시계를 따르는 종교적 동물로 변질되고 있다는 점에서 『정역』의 종교적 시간관에 귀담아 들을 필요가 있다. 김일부는 성스럽고 거룩한 시간의 의지를 여러 번에 걸쳐 감탄한 바 있다.[117] 그래서 맹자가 공자를 일컬어 성스러운 시간의 뜻을

---

116 멀치아 엘리아데 지음, 이동하 옮김, 『聖과 俗- 종교의 본질』(서울: 학민사, 1999), 62-73쪽 참조
117 그는 자연에서 일어나는 성스러운 시간의 전환을 노래한 시를 비롯하여 곳곳에서 '아아![嗚呼]'라고 읊어 찬양하고 있다.

깨달은 분이라고 칭송한 연유도 여기에 있다고 할 수 있다.[118]

시간에 질서가 존재한다는 것은 곧 시간의 흐름에 목적이 있다는 것과 다르지 않다. 또한 만물에는 시간의 질서가 이미 일종의 생체시계로 내재화되어 과거와 현재와 미래에 개입하고 결정한다는 뜻도 있다. 전자가 목적론의 시간관이라면, 후자는 결정론의 시간관이라 할 수 있다. 정역사상은 이 두 가지를 함께 지니고 있다. 목적론적 시간관이란 우주가 선천과 후천으로 구성되었듯이, 일정한 시간대에 돌입하면 시간도 본질적 전환을 겪으면서 1년 360일의 후천으로 진입한다는 것이고, 결정론적 시간관은 우주의 운행 속에 이미 시간의 질서가 프로그램화되었기 때문에 자연과 역사와 문명과 인간의 운명도 여기서 벗어날 수 없다는 것이다. 이런 의미에서 김일부는 철학적 시간관과 종교적 시간관을 중심으로 각종 이론들을 회통시킨 통합의 철학자다.

김일부에 의해 새롭게 수립된 선후천 시간관의 특징은 무엇인가? 그는 우주론에서와 마찬가지로 시간관에서도 본체와 작용의 전환논리를 바탕으로 생성계에서 벌어지는 태양력과 태음력의 통일을 외쳤다. 김일부의 체용관에 의하면, 선천은 본체가 숨겨

---

118 『孟子』「萬章章句 (上)」, "伯夷, 聖之淸者也; 伊尹, 聖之任者也; 柳下惠, 聖之和者也; 孔子, 聖之時者也." 맹자는 공자를 出處와 進退가 때(timing)에 알맞고, 철을 아는 성인이라고 평가했다. 흔히 공자를 세상사 또는 시대의 요구를 가장 정확하게 알았던 성인이라고 해석하는데 익숙하다. 하지만 김일부는 공자를 성스럽고 거룩한 시간을 통찰한 사람이라고 읽었다.

진 질서[河圖]이고, 작용은 바로 지금의 세상[洛書]이다. 후천에는 작용이 본체가 되고, 본체가 작용이 되는 역전逆轉 현상이 일어난다는 것이다. 이는 성리학의 체용론을 뒤집는 사유의 혁명이다. 성리학에서 말하는 본체는 항상 본체일 뿐 작용이 될 수 없으므로 정역사상에서 말하는 체용의 전환은 성립 불가능하다.

왜냐하면 작용은 본체의 그림자에 불과한 생성변화의 세상이며, 본체는 작용의 근거로서 시공을 초월하여 불변하는 절대적 존재이기 때문이다. 따라서 진리의 원형인 본체는 작용의 근거요, 작용은 본체를 현실로 드러내주는 생성과 변화인 것이다.[119] 전통의 체용관을 극복하여 본체와 작용이 서로 자리바꿈한다는 주장은 김일부의 독창적인 사유인 것이 분명하지만, 그것의 유래는 화무상제의 뜻에 비롯되었다는 신학神學에 의존하고 있음도 부정할 수 없다.

김일부는 선천이 후천으로 전환되는 논리적 근거를 우주론의 입장에서 황극皇極이라 했고, 시간관의 입장에서는 황극을 시중時中 또는 황중皇中이라 불렀다. 그가 시중과 황중을 도입한 이유는 황극이 하나의 수로 고정화될 우려와 함께 수의 질서에 시간

---

[119] 김용규, 『서양문명을 읽는 코드, 신』(서울: 휴머니스트, 2010), 153쪽 참조, "존재란 생성과 작용의 '탈시간화'된 모습이고, 생성과 작용이란 존재의 '시간화'된 모습에 불과하다. 불변이란 변화의 탈시간화된 현상이고, 변화란 불변의 시간화된 현상일 뿐이다. 시간을 매개로 서로 대립하는 두 개념이 하나로 종합된 것이다."

의 순환성과 지속성을 주입시키고[時中], 또한 선천의 천심天心을 후천의 황심皇心[120]으로 뒤바뀌게 하는 징검다리를 과거의 시중과 차별화시키려는 의도에서 황중이라 불렀던 것이다. 그는 선후천 전환을 수지도수手指度數라는 방식으로 설명한다. 수지도수란 정역사상을 뒷받침하는 독특한 방법론이다. 김일부는 열 개의 손가락만큼 시간의 본질적 변화를 헤아리는 간편함과 명료성이 없다고 판단하여 수지도수의 방법론을 소중하게 여겼다.[121] 그는 더 나아가 괘도의 변천은 물론 3극론과 6갑 조직의 근본적 변화 등의 이론들 사이에 벌어질 수 있는 충돌을 수지도수로 일치시키는 사유의 치밀함을 보여주었다.

선후천 변화의 필연성을 밝히는 수지도수란 무엇인가? 천간지지의 변화를 열 손가락으로 셈하는 수지도수는 선후천 변화의 원리와 과정을 밝히는 장점이 있다. 수지도수의 핵심에는 중中과 시중時中의 문제가 자리잡고 있다. 그러면 중과 시중時中은 어떻게 다른가? 중과 시중에 대한 해석에서 의리역학과 상수역학은 다른 입장을 취한다. 의리 역학자들은 중을 윤리도덕과 가치의 보편성이라고 했으며, 시중은 어떤 상황에서든 시공의 법칙에 꼭

---

120 地雷復卦는 "復에서 천지의 마음을 볼 수 있다[復, 其見天地之心乎!]"라고 말하여 선천을 지배한 것이 天心이라 했으나, 김일부는 이러한 하늘의 마음[天心의 中]이 후천에는 皇中으로 전환되어 皇心을 드러낸다고 말했다.

121 『정역』「십오일언」, "天四地六, 天五地五, 天六地四. 天地之度, 數止乎十. 十紀二經, 五綱七緯."

들어맞는 중용의 법도로 인식했다. 반면에 상수 역학자들은 우주의 탄생과 진화는 수의 질서로 생성변화하며, 특히 이러한 수의 체계를 유지하는 신비의 수로 알려진 5의 위상과 역할에 주목하였다. 그들은 1에서 10까지의 수 가운데 유독 5만이 중과 시중 모두를 함축하는 것으로 이해했다. 왜냐하면 생수生數 1은 5를 얻어 성수成數 6이 되고, 생수 2는 5를 얻어 성수 7이 되어 만물을 낳고[生] 이루는[成] 5는 생수를 성수로 바뀌도록 하는 중심축이기 때문이다. 바꾸어 말하면 5가 없으면 생수와 성수가 아예 존재할 수 없다는 것이다. 여기서 우리는 김일부가 후자에 주목하여 기존의 중과 시중을 넘어서는 황중을 창안했던 이유를 알 수 있다.

과거에는 중中을 산술적 평균으로 사용했다면, 김일부가 새롭게 발견한 중中은 어떤 수 A와 B 사이의 중심에서 양자의 차이와 함께 역동적 평형의 통일을 이룬다는 의미의 시중時中이 더욱 부각되었다. 그만큼 변화와 시간을 중시했다는 뜻이 반영되어 있다.

예컨대 산술적인 의미에서 11의 중앙은 분명코 5.5이다. 하지만 1.1, 1.2, 1.3,⋯ ∞, 2라는 수식에 나타난 것처럼, 1과 2 사이에는 수많은 수가 존재한다는 것은 곧 1과 11 사이에도 수많은 틈이 있으며, 이는 요동치는 에너지의 파동과 힘이 그 틈을 가득 채우고 있음을 상징한다. 따라서 11의 중앙인 5.5는 사이(틈)

에 존재하는 운동을 설명하기에 한계가 있는 죽은 중中이라면, 6은 살아 있는 시중을 가리킨다. 이처럼 김일부는 살아 있는 중으로서의 시중을 발견한 것이다. 즉 1과 11 사이에 존재하는 힘의 물결이 서로 균형과 평형을 이루려고 끊임없이 움직이는 역동적 중심이 바로 시중으로서의 6이라는 것이다. 전자가 하드 수학(Hard Mathematics)에서 말하는 정태적인 중심을 뜻한다면, 후자는 1과 11 사이의 '틈'을 가득 채우는 운동이 곧 진정한 수의 질서라는 소프트 수학(Soft Mathematics)을 뜻한다.

A와 B 사이에는 대립하는 모든 이원성을 담지하면서 A와 B의 차별을 결정짓는 틈이 존재한다. 이는 A와 B 사이의 긴장 속에서 모든 것들이 생성소멸하고 변화한다는 것을 시사한다. 전통철학이 간과했던 '사이[間간]'의 중요성이 소강절에 의해 부활하였다. 소강절은 천지인天地人의 근원을 '한 번은 움직이고 한 번은 고요한 사이에 존재하는 것[一動一靜之間者일동일정지간자]'이라고 표현하여 주렴계周濂溪가 말하는 태극을 고정된 불변의 존재로 인식하지 않고, 음과 양 사이에 벌어진 틈(사이= 間간)을 메꾸면서 힘차게 운동하는 것을 만물의 본원으로 규정하여 우주를 역동적인 세계로 파악하였다.[122] 틈이 없다면 운동을 측정할 수 없다. 틈이 존재하기 때문에 틈을 통해 1과 2를 구분할 수 있고 운동의 측정이 가능하며,

---

[122] 『皇極經世書』「觀物內篇」, "夫一動一靜者, 天地之至妙者歟. 夫一動一靜之間者, 天地人之至妙者歟."

상수론에서 가장 중요하게 여기는 생명 활동에 대한 수리철학적 기반이 마련될 수 있는 것이다.

이를테면 양陽의 시초에서부터 그 끝이 A이고, 음陰의 시초에서부터 그 끝이 B라면 A와 B 사이에서 자기 동일성을 유지하면서 운동을 일으키는 근원이 바로 태극이라는 뜻이다.[123] 소강절이 다양한 도표를 만들어 사이[間]의 중요성을 제시했다면, 김일부는 과거의 역철학이 간과했던 틈 사이, 즉 1부터 19 사이를 가득 메우는 유형과 무형의 수학적 질서에 중심[中]이 존재한다는 것을 깨닫고,[124] 이러한 자연의 수학적 본성의 중심이 바로 변화를 이끌어가는 시중이라고 밝혔던 것이다.

김일부는 시중時中이 황극皇極이고, 황극이 곧 황중皇中이라는 새로운 학설을 제창하였다. "십일귀체시十一歸體詩"에 나타난 내

---

[123] A의 끝과 B의 시작은 맞물려 움직이는데, 매 순간 끝과 시작을 포함한 모든 운동의 중심축을 담당하는 것이 바로 皇極이다. 그리고 A와 B의 전체 운동장은 無極이다.

[124] 김동규, 『하이데거의 사이-예술론』(서울: 그린비, 2009), 11-16쪽 참조, "처음은 사이에서 처음이 되고 끝은 사이를 통해 끝이 된다. 사이는 사라지지 않는다. 끝없이 순환하는 사이만 남을 뿐이다. 그렇다면 진정한 의미에서 사이 자체가 '시원Anfang'이다. 사이에는 차이가 있다. 둘을 둘로서 구분짓는 사이에는 둘의 차이가 있으며, 사이에서 차이는 지워지는 것이 아니라 오히려 더욱 선명해진다. 또한 사이에는 '사건'이 있다. 사이에서 사건이 일어나고, 사건으로서 사이가 발생한다. 모든 사건은 눈 깜짝할 시-간[時-間]에 일어나고 우리가 거주하고 있는 공-간[空-間]에서 일어나는 것이다. … 서로가 서로에게 속해 있어, 자신의 존재근거를 사이 상대에게 두고 있는 깊은 사이가 있다. 그런 사이는 서로를 하나로 모아들이는 소용돌이의 '중심축'과 같다."

용을 도표로 정리하면 다음과 같다.[125]

10	19의 中
9	17의 中
8	15의 中
7	13의 中
6	11의 中
5	9의 中
4	7의 中
3	5의 中
2	3의 中
1	1과1의 中

中	10과 10, 1과 1의 空
堯舜의 中	允執厥中의 中
孔子의 時中의 中	聖之時者
一夫의 包五含六 十退一進之位	(왼손 엄지손가락과 새끼손가락의 교체)

---

[125] 『정역』「십일일언」, "十一歸體詩", "十, 十九之中; 九, 十七之中; 八, 十五之中; 七, 十三之中; 六, 十一之中; 五, 一九之中; 四, 一七之中; 三, 一五之中; 二, 一三之中; 一, 一一之中. 中, 十十一一之空; 堯舜之厥中之中; 孔子之時中之中; 一夫所謂包五含六 十退一進之位. 小子明聽吾一言, 小子!"

얼핏보기에 왼쪽의 10부터 1까지의 수가 오른쪽의 19에서 1까지의 중이라는 대목에서 모든 것을 관통하는 것이 중이라는 사실을 확인할 수 있다. 여기서 김일부가 말하는 중은 일종의 다중론 多中論의 성격을 띠고 있다.[126] 10은 19의 중이며 9는 17의 중인 것처럼, 각종 상황에 알맞은 자연의 중中이 세상을 지배하는 객관적 원리라고 말하는 것은 매우 설득력이 있다. 하지만 김일부는 다중多中의 중中을 관통하는 그 무엇, 즉 19와 17 사이 또는 1과 9 사이에서 생기는 음양변화라는 수의 전체 질서를 꿰뚫는 중 [時中]이 존재한다는 것을 읽어내었다. 시간의 흐름을 측정하고 구분하는데는 반드시 A와 B의 구분이 반드시 필요하다. 하지만, 시간의 흐름 자체는 단절이 없는 연속의 과정이기 때문에 시공의 중심축이 존재한다는 전제가 성립되는 것이다. 다시 말해서 김일부는 시간의 흐름을 관통하면서 자연과 역사와 문명과 인간을 근거지우는 보편적인 중이 곧 시중時中이며, 특히 선천을 후천으로 전환시키는 시중을 전통의 시중과 차별화시켜 황중이라 불렀다. 5와 6은[127] 다중多中에서의 둘이지만, 5인 동시에 6은 시중의

---

126 이는 세상을 움직이는 것은 중이라는 균등사상으로 직결되어 모든 사람은 평등하다는 사회철학의 이론적 근거가 될 수도 있다.

127 "5와 6은 5+6=11의 수식이 성립되는데, 이것은 곧 水土合德(5+6)하면 그 결과는 空이 된다는 뜻이다. 10[十]은 空이고, 1[一]은 本體 不用數이므로 다만 작용의 기본일 뿐이고, 실상은 없는 것이다. … 辰의 自化運動은 1水를 6水로 化하면서 분열의 기초를 만들었지만, 戌의 自化運動은 6水를 1水(11水)로 만들어서 본체로 환원하는 것이다. 이것이 바로 불교가 말하는 空의 位이고 一夫

중[時中之中 = 包五含六 十退一進之位]으로서 선후천 전환의 황중이라는 것이다.

가 말하는 十十一一之空이다."(한동석, 『우주변화의 원리』 2001, 171쪽 참조) 한동석은 『정역』을 오행론 중심의 분열 팽창과 수렴 통일의 과정으로 살피는데, 특히 1수와 6수는 각각 분열과 수렴의 씨앗으로 설명하고 있다.

5. 선후천의 전환논리 - 금화교역론

 동양인들은 변화의 관점에서 세계의 다양성을 설명한 주역을 변화의 텍스트로 불렀다. 그리고 주역의 기본논리는 이간易簡easy and simple, 불역不易non changing, 변역變易changing이라는 3가지로 규정되어 왔다. '역'이라는 하나의 글자 속에는 세 가지 의미가 담겨 있다. 자연은 음양이라는 간단한 법칙에 의거해서 변화하므로 인간은 아주 쉽게 인식할 수 있다는 '이간'의 뜻이 있다. 만물은 시공간의 범위 안에서 운동하는데, 운동의 최종근거로서 자신은 변화하지 않으면서 만물로 하여금 변화하도록 만드는 궁극원리라는 '불역'의 뜻이 있다.

 모든 사물은 태어나는 순간부터 거듭 변화하면서 스스로를 드러낸다. 음양현상은 시간적 또는 공간적 두 양태로 나타난다. 이 세상에 존재하는 것은 변화라는 범위를 벗어날 수 없듯이 '변화 자체'야말로 역의 본질적 의미이다. 따라서 '불변'과 '변역' 중에서 어디에 초점을 맞추느냐에 따라 그 세계관은 판연하게 달라진다.

과거의 역학이 '불변'을 고집했다면, 『정역』은 '변역'을 새롭게 해석하여 변화 자체에 주목했던 것이다. 『정역』이 말하는 '변역'은 우주질서의 근원적 변화로서 선천과 후천의 변화를 가리킨다. 이것이 바로 김일부의 최대 관심사였던 것이다.

김일부의 시명時命

『정역』은 선후천의 전환에 근거한 후천역이다. 김일부는 선천이 후천으로 전환되는 이치를 '금화교역金火交易'으로 체계화 한다. 그는 금화교역의 근거를 하도낙서의 오행적 구조에서 찾았다. 그는 하도와 낙서의 차별상을 포착하여 금화교역의 체계화에 성공했던 것이다. 단적으로 말해서 금화교역은 선후천변화가 실질적으로 일어나는 현실화·구체화의 원리[128]이다.

그러면 우주는 왜 선천에서 후천으로 전환해야만 하는가. 천지간에 존재하는 모든 사물은 태어나면 생장하고 결실을 맺어 스스로의 존재의미를 다한다. 만약 성장만 하고 멈춤이 없다면 무

---

[128] 한장경에 따르면, 역경은 선천운행의 이치에 치중한 까닭에 태극이 음양양의를 생한다고 하여 태극이 음양보다 앞선다고 한 것이며, 정역은 선천과 후천을 결합한 '原天組織'을 언급한 저술이다.(韓長庚, 『주역·정역』, 도서출판 삶과 꿈, 2001, 13쪽 참조) 그는 주역이 '운행'에, 정역은 '조직'을 중심으로 운행 측면을 종합한 체계로 전자와 후자를 구별한다. 그의 유고에는 정역을 기독교와 연관해서 풀이한 곳이 적지 않다. 이는 정역사 연구에 매우 흥미를 끄는 내용이다.

한 팽창하여 파멸을 초래한다. 우주에는 이러한 무한분열을 막고 만물로 하여금 자율적으로 조절하고 성숙시키는 이치가 있는데, 이것이 바로 '금화교역'의 원리이다.

김일부는 동양의 3대경전 중의 하나인 『시경詩經』이 성인들의 업적을 찬송하는 노래(頌)를 삽입한 편집체제에 힌트를 얻어 선후천변화의 핵심인 금화교역의 이법을 찬미하는 시 5편을 지었고, 후천에 쓰일 역易(=曆)을 '금화정역金火正易'이라 규정하였다. "아아! 금화가 올바르게 바뀌니 선천의 비색한 시대는 물러가고 태평한 후천의 시대가 도래한다."[129]라고 말하여 하늘 기운은 아래로 내려오고, 땅 기운은 위로 올라가 하늘과 땅이 서로 하나로 어우러지는 형상으로 후천의 자연환경을 노래하였던 것이다.

금화에 대한 5편의 노래인 '금화송金火頌'은 "상제의 조화권능을 찬미한 것이다. 왜냐하면 선천은 만물의 생장기이므로 '억음존양抑陰尊陽'하는 성왕의 덕이 필요했으나, 후천은 성숙의 시기이므로 성왕의 덕치보다는 '조양율음調陽律陰'하는 '상제上帝의 덕화德化'가 필요하기 때문이다."[130] 김일부는 선후천변화의 키 포인트를 금화金火의 권능으로 압축하였고 또한 우주의 근원적 전환은 금화金火가 서로 바뀌는데 있다고 인식했으며, 그 주재자를

---

129 『정역』「십오일언」"化翁親視監化事", "嗚呼, 金火正易, 否往泰來."
130 김주성, 『正易集註補解』(서울 : 신역학회, 1999), 141쪽.

상제라고 규정하였다.

우주변화를 주도하여 조화시키는 권능權能function은 금화에 있다. 김일부는 4·9와 2·7이 낙서에서 그 위치가 바뀌었다가 다시 하도의 원래 위치로 환원시키는 권능을 '하늘과 땅의 조화를 경영하는 권능(經天地之化權^{경천지지화권})'이라고 표현한다. 화火의 권능은 만물의 성장을 촉진하는데 있으며, 금金의 권능은 극한 성장을 멈추도록 조절하여 알찬 결실을 맺도록 한다. 오행의 구조가 생명의 순환성을 대변하듯이 겨울과 봄에 해당하는 동북방의 '수목水木'은 생장生長을, 여름과 가을에 해당하는 서남방의 '금화金火'는 수장收藏을 특징으로 한다. 금화교역에서 비롯되는 조화권능[131]은 생장한 만물을 성숙하도록 수렴하고 다음의 생명탄생을 위하여 본체로 환원시키는데 있다.

정역사상에서 '금화교역'이 차지하는 위치는 매우 중요하다. 정역의 원래 명칭이 '금화정역金火正易'이었듯이, 금화교역의 타당성을 검증하는 일은 정역사상의 합리성을 보장하는 관건이다. 금화교역의 필연성을 논증한 김일부는 스스로를 아주 자랑스럽게 여기고 있으며, 이는 동서양 철학자들이 사고의 발상조차 못했던

---

[131] 여기서의 化權은 일상적인 변화와는 질적으로 다른 조화권능으로 이해해야 마땅하다. 造化란 '창조'와 '변화'의 합성어로서 창조적 변화라는 뜻이다. '변화'가 일정한 격식에 의해 단순반복의 형태라는 이미지가 강한 반면에, '조화'는 유에서 무로 때로는 무에서 유로 전환되는 창조의 과정에서 새로운 질서가 드러나게 하는 혁신적 개념이 아닐 수 없다.

내용이라고 단언하였다.

「금화사송金火四頌」에는 정역사상의 화두가 담겨 있다.

"4·9와 2·7의 금화문金火門은 옛사람의 사고와 뜻이 전혀 미치지 못한 곳이며, 옛날과 현재의 천지에 오로지 가장 으뜸가는 장관이요, 현재와 옛날을 통틀어 가장 기이한 구경거리일세(四九二七金火門, 古人意思不到處, 古今天地一大壯觀, 今古日月第一奇觀.)"

선후천변화의 관문인 '금화문'에 대해 『정역주의正易註義』의 저자인 김방현金邦鉉은 "문이란 열리고 닫히는 것이 무궁함을 뜻한다. 나가고 들어가는 것은 변통하여 일정한 방향이 없다. 금화金火는 하늘과 땅이 한번은 열리고 한 번은 닫히는 문을 가리킨다(門謂開闢無窮也, 出入謂變通無方也, 金火卽天地一開一闢之門也.)"라고 풀이한다. 금화문은 굳게 닫힌 문이 아니라, 금화교역에 의해 열리고 닫히는 출입구이다. 선천에서 후천으로 시공의 기하학적 근본구조가 바뀌는 전환을 알리는 천지의 숨구멍이 바로 금화문인 것이다.

김일부는 서방의 금기운과 남방의 화기운이 바뀌는 이치를 밝히는 것을 하늘의 명령이었다고 고백하고, 금화교역론에 대한 구상과 선언이 곧 '지상명령'임을 분명히 한다. 그는 "아아! 금과 화가 자리를 서로 바꾸는 것은 영원히 변치 않는 정역의 이치이니,

(달의) 회삭현망과 진퇴굴신과 율려도수와 조화공용이 바로선다. 성인이 말씀하지 아니한 바이니 어찌 일부가 감히 말하리오마는 시간(때가)이 되었고, 하늘의 명령이 있음일세."[132]라고 했다. 금화문은 우주의 영원한 목적지이며 새롭게 펼쳐지는 인간 희망의 궁극처인 셈이다.[133]

금화교역의 이치

오행의 원리에서 볼 때, 금화교역은 구체적으로 어떻게 이루어지는가. 김일부는 "화가 금의 고향으로 들어가니 금이 화에게로 들어가고, 금이 화의 고향으로 들어가니 화가 금에게로 드는구나. 화금이 금화됨은 원래의 고유한 하늘의 도인지라, 누가 용화세월을 이제야 보냈는고."[134]라고 말했다.

---

132 "嗚呼! 金火互易, 不易正易, 晦朔弦望進退屈伸律呂度數造化功用, 立. 聖人所不言, 豈一夫敢言, 時命."(『정역』「십오일언」"金火五頌")
133 "음을 억제하고 양을 드높이는 것은 선천의 심법을 닦는 학문이며, 음양을 자율적으로 조절하는 것은 후천의 性理의 도리이다(抑陰尊陽, 先天心法之學, 調陽律陰, 後天性理之道)"("一歲周天律呂度數")라고 한다. 21세기의 담론은 양만을 존숭하고 음을 억압하는 기우뚱한 마음닦기로는 원천적으로 한계가 있으며, 과거 동양철학의 영원한 주제였던 天道, 大命, 天性의 문제를 새로운 우주론의 근거 위에서 '철학함'의 당위성을 제시한 대목이다. 선후천변화에 마냥 수동적으로 대처하는 인간이 아니라, 능동적으로 우주경영에 대응하고 참여하는 새로운 인간의 자세를 촉구한 정역의 인간관을 헤아릴 수 있다.
134 "火入金鄕金入火, 金入火鄕火入金, 火金金火原天道, 誰遣龍華歲月今."(『정역』「십오일언」"十一歸體詩")

남방의 화火가 서방 금金의 고향으로 들어가고, 금金이 다시 화火로 들어감은 선천교역의 모습을 상징한다. 이에 반해 서방의 금金이 남방 화火의 고향으로 들어가고, 화火가 다시 금金의 자리로 환원하는 것은 금화정역의 본래 모습이다. 즉 선천의 화금火金이 후천의 금화金火로 변화하는 것은 선후천변화의 근본원리인 '원천도原天道(천도 자체의 고유한 천지도수인 바뀔 수 없는 프로그램)'이다. 낙서에서 생장의 극한이었던 남방의 4·9금金이 서방으로 다시 제자리를 찾아가고, 서방의 2·7화火가 다시 남방으로 제자리로 돌아가는 것은 천도 본연의 길Way인 것이다.

금화정역은 낙서의 질서인 화금火金이 다시금 하도의 질서인 금화金火로 복귀하듯이, 선천과 후천은 순환 반복함을 뜻한다. 따라서 선천의 화금火金이 금화金火로 교역함으로써 후천이 열리고, 후천의 금화金火가 다시 화금火金으로 바뀜으로써 또 다른 새로운 선천을 맞이하는 것처럼, 화금火金과 금화金火가 교류하는 법칙은 곧 항구 불변하는 우주의 이치인 것이다.

금화교역은 선후천의 전환을 밝히는 원리이다. 그것은 금과 화 사이의 변화현상이기 때문에 화火 → 금金은 낙서선천의 질서요, 금金 → 화火는 하도후천의 질서로 요약할 수 있다.

금화교역은 과연 어떤 절차를 거치면서 이루어지며, 정역팔괘도와 어떤 관계를 맺는가. 김일부는 낙서에서 하도로의 전환과 문왕팔괘도가 정역팔괘도로 전환되는 이치가 일치함을 노래하였다.

> "생명을 키워서 길러내는 기氣는 동방과 북방의 제자리를 굳게 지키고, 서방과 남방이 바뀌는 원리(理)는 서로 교통한다."[135]

동방의 3·8과 북방 1·6의 기氣는 굳게 제자리를 지키고, 서방 2·7과 남방 4·9가 바뀌는 금화교역의 이치는 서로 통한다는 것이다. 즉 '기동북'은 만물이 자라서 커나가는 단계(生長^{생장}) 외에 수목水木의 원리가 고정되어 있지만, '이서남'은 생장한 만물이 성숙하여 결실(收藏^{수장})을 맺도록 금화金火가 서로 교역할 수 있다는 뜻이다.

금화교역은 4계절에 비유해서 말할 수도 있다. 봄과 여름의 '춘생하장春生夏長'은 선천의 생장과정이며, 가을과 겨울의 '추수동장秋收冬藏'은 만물을 성숙시키고 매듭짓는 후천의 수장과정이다. 금화가 교역함으로써 선천이 후천으로, 문왕괘의 9수도가 정역괘의 10수도로 바뀌는 이치를 밝힌 말이다.

도수로 짜여진 금화교역

김일부는 『정역』을 작성하면서 자신이 천지의 말씀을 구술하는 증언자로 확신했다. 그것은 그가 "아! 천지가 말씀이 없으시면 일부가 무엇을 말하겠는가. 천지가 말씀을 하시니 일부가

---

[135] 『정역』 「십오일언」 "金火二頌", "氣東北而固守, 理西南而交通."

감히 말하노라. 천지가 일부에게 말하라고 말씀하시니 일부가 천지의 말씀을 말하노라"[136]고 말한 것에서 확인할 수 있을 것이다. 그리고 그는 『정역』을 쓰고 나서 '깊이 감동하여 눈물을 흘리면서 지어 올린다(感泣奉書)'고 말하거나, 60세 되는 해에 정역을 모두 마치고는 '삼가 받들어 쓰다(謹奉書)'라고 하여 하늘에 감사하는 표현을 했던 것이다.

『정역』이 천명天命을 받아 나온 것이기 때문에, 금화교역은 우주질서에 근원적으로 내재한 영원히 바뀔 수 없는 도수度數에 근거한다고 말할 수 있다. 그가 금화교역론을 하도낙서의 이론을 종합한 완벽한 체계로 확신하였던 까닭도 여기에 있다.

『정역』에서 말하는 낙서는 선천이 전개되어 드러난 세계요, 하도는 앞으로 전개될 후천의 세계를 말한 것이다. 그것은 서양의 물리학자 데이비드 봄David Bohm이 『홀로그램 우주』에서 "감추어진 질서implicate order(접혀진enfolded)"와 "드러난 질서explicate order(펼쳐진unfolded)"를 말하면서 숨겨진(감추어진) 질서가 '접힌' 상태로 깔려 있다는 주장과도 유사하다.[137]

---

[136] "嗚呼! 天地无言, 一夫何言, 天地有言, 一夫敢言, 天地言一夫言, 一夫言天地言."

[137] 데이비드 봄은 이러한 사실에 착안하여 두 세계를 설정한다. 한 장의 홀로그램필름과 그것이 만들어내는 입체상의 관계에서 필름은 감추어진 질서이다. 필름의 간섭무늬로 암호화된 이미지는 전체에 걸쳐 접혀들어 있는 감추어진 총체이기 때문이다. 필름에서 인화된 홀로그램은 드러난 질서이다. 데

이렇게 본다면 『정역』에서 말하는 낙서선천의 세계는 이미 펼쳐진 세계요, 하도후천의 세계는 앞으로 펼쳐질 감추어진 질서라 할 수 있다. 그것은 동전의 양면과 같이 하나의 두 측면을 이룬다. 낙서선천은 하도를 본체로 삼아 우주사의 전면前面에서 작용하고 지배하는 원리를 표상한다면, 하도후천은 낙서를 본체로 삼아 우주의 미래사를 지배할 원리를 표상한다고 할 수 있다. 이들은 이원적으로 분리되어 독립적으로 존재하는 것이 아니라, 항상 일체관계를 형성하면서 존재한다. 다만 낙서가 전면에서 작동하는 생장과정에서 불가피한 부조화와 불균형한 시스템을 이룰 뿐, 그 목표는 언제나 하도의 조화와 균형과 완전을 지향한다는 것이다.

김일부가 구상한 우주론의 특징은 우주창조의 시작점과 완성점이 극명하게 나타난다는 점이다.[138] 그 중에서도 전자보다는 후자를 강조한다. 그 까닭은 낙서의 역생도성의 순서에 따라 우

이비드 봄은 실재의 더 깊은 차원을 '감추어진 질서implicate order(접혀진 enfolded)'라 하고, 우리의 현실차원을 '드러난 질서explicate order(펼쳐진 unfolded)'라고 한다. 우주의 모든 현상들의 나타남은 이 두 질서간의 무수한 접힘과 펼쳐짐의 결과이다. 이 둘은 '하나이면서 둘이며', '둘이면서 하나로 존재한다'는 논리이다.(마이클 탤보트 지음, 이균형 옮김, 『홀로그램 우주』, 서울: 정신세계사, 1999, 75-76쪽 참조.)

138 우주창조의 시작은 '반고'에서 비롯되어 천황,지황,인황을 거쳐 14명의 성인이 등장한다. 우주의 시초와 마지막은 "先后天周回度數"에 언급된 "盤古五化元年壬寅, 至大淸光緖十年甲申, 十一萬八千六百四十三年"이라는 내용이 있다. 이는 '아기우주'로 태어난 시초로부터 성숙되는 시기까지를 도수로 추론한 것이다.

주는 왕성한 팽창과 자기 목적을 향해 진행하며, 그것이 극한의 경계점에 이르면 곧이어 하도의 도생역성의 순서가 뒤따르는 원칙이 있기 때문이다. 이런 점에서 정역사상은 일종의 목적론적 우주관이라 할 수 있다. 그 목적은 다름이 아니라 선천이 후천을 지향하는 것에 있다.

선천을 후천으로 넘기는 운동이 바로 금화교역이다. 선후천변화의 이치인 생명의 율동상을 형상화하여 표현한 금화교역은 '우주의 자기조직화 원리'라고 할 수 있다. 특히 '도수'라는 말 자체에 이미 하늘의 이치가 땅에서 이루어진다는 의미가 함축되어 있듯이, 실제로 금화교역은 우주질서에 아로 박혀 있는 자기창조, 자기조직, 자기 변화하는 하늘의 이치인 것이다. 따라서 하도낙서의 역생도성과 도생역성의 논리는 '새 생명'[139]을 낳는 창조의 방식으로서 자연의 질서를 관통하는 보편원리인 것이다. 역생도성과 도생역생는 각각 분리된 시간 흐름의 독립적 원리가 아니라는 말이다. 그것은 전체 우주에 편재하여 작용하는 질서의 총화, 조화체의 궁극인 우주의 거울인 셈이다. 또한 모든 시공간에 스

---

[139] 오늘날의 생물학은 생명학으로 확장되어 연구되는 경향이다. "생명은 '명사Noun'라기 보다는 오히려 '동사Verb' 개념에 가깝다. 생명은 자신을 수선하고 유지하며, 다시 만들고 자신을 능가하는 것을 특징으로 삼는다."(린 마굴리스·도리언 세이건 지음, 황현숙 옮김, 『생명이란 무엇인가』, 지호, 1888, 17-34쪽 참조). 이는 생명의 창조적 순환성과 자기조직성을 지칭하는 생장수장의 이법과 아주 흡사한 발언이다.

며들어 만물로 하여금 공간적으로 상호 연결시키고, 시간적으로는 만물의 생명력을 지속시키는 역동적 원리인 것이다.

김일부는 시간 흐름의 방향성과 목적을 분명하게 제시한다. 우주는 시간의 흐름에 따라 자기 변신을 거듭하여 성숙을 지향한다는 것이다. 우주가 그 목적을 달성할 수 이유는 무한성장을 조정하는 금화교역의 구체적 작용이 존재하기 때문이다. 금화가 교역한다는 것은 낙서9수의 질서가 하도10수의 질서로 전환됨으로써 모든 질서가 완전 조화상태로 정립됨을 의미한다. 따라서 금화교역은 우주의 자기 정화운동이라 할 수 있다.

"우주변화는 토화작용土化作用이 본체가 되고, 상화작용相火作用이 객체를 이루어 마지막으로 금화교역을 통해 완성된다."[140]

금화교역은 선천에서 후천으로의 전환을 나타낸다. 금화교역에 의해 선천이 후천으로 뒤바뀜은 단순논리에 머물지 않는다. 모든 생명체의 존재방식까지도 변한다는 점에서 선천과 후천은 그 외연과 내포가 엄연히 다를 수밖에 없는 것이다. 따라서 금화교역은 낙서의 상극질서를 부정하는 우주의 자기부정 현상인 동시에 자기정체성의 확인 운동이라고도 할 수 있는 것이다.

---

140 한동석, 『우주변화의 원리』(서울 : 대원출판, 2001), 214쪽. 한동석은 정역의 시스템을 과학철학적으로 분석하여 정역의 체계화를 한층 돋보이게 한 학자이다. 그의 책은 정역사상에 입문하는 사람들이 반드시 읽어야 하는 필독서이다.

6. 새로운 시간론 – 역수론曆數論

 지혜를 추구했던 서양 지식인들이 줄곧 항구적이고 불변하는 영원한 진리를 추구했다면, 동양의 사상가들은 변화의 항구성을 추구했다고 할 수 있다. 변화의 항구성을 추구한 동양의 역학에서 말하는 기존의 태극음양론은 우주의 기원과 생성을 법칙적으로 설명하는 것이 목적이었다. 그래서 역은 변화에 주목한다. 이 세상에 변하지 않는 것은 없기 때문이다. 변화에는 현상적으로 일어나는 구체적 변화와 우주질서의 근본적 전환을 뜻하는 우주변화가 있다. 현상적 변화는 과학의 탐구대상이며, 우주질서의 변화는 역이 전하고자 했던 본질적인 문제였다.

 역의 핵심명제는 우주변화, 즉 선후천변화로 귀결된다고 하겠다. 『주역』의 49번째의 괘는 택화혁괘澤火革卦인데, 이는 우주변화(선후천변화)를 언급하고 있다고 본다. 즉 태兌는 '택澤'을, 리離는 '화火'를 가리킨다. 혁괘는 4·9금金자리에 남방의 '리離'가, 그리고 2·7화火자리에 서방의 '태兌'가 서로 자리가 바뀌어 있는 낙서의 이치를 상징한다. 따라서 혁괘의 내용은 금화교역을 간접적으로 암시하고 있는 것이다. 그래서 혁괘에서는 "천지가 바뀌어 4시가 이루어진다(天地革而四時成)"고 했다.

주역에서 정역으로

『정역』은 어떤 특수한 개별 생명을 연구대상으로 삼지 않았다. 정역의 대상은 보편생명이다. 『주역』은 "낳고 낳아 생명을 잇는 것이 역易이다"[141]라고 하여 생명의 무한성과 영원성을 강조했다. 『정역』도 일차적으로는 『주역』을 충실히 계승한다.

하지만 김일부는 우주생명의 순환에는 절차와 마디가 있으며, 그것도 일정한 시간대Time zone에 맞추어 대자연의 근본적 혁신이 일어난다고 하여 무한 순환만을 말하는 주역과의 결별을 선언하였다.

기본적으로 김일부는 소강절의 원회운세설에 기초한다. 소강절 우주론의 꽃은 '우주개벽의 과정Cosmogonic process'[142]을 논리화

---

141 『주역』「계사전」상, 5장, "生生之謂易."
142 방동미는 소강절의 우주론을 '개벽(원문에는 宇宙開闢的 程序로 되어 있다)'이라는 단어를 사용하여 설명한다(方東美, 『新儒家哲學 十八講』, 대만: 黎明文化事業公司, 1984, 263쪽). 소강절은 道인 太極을 정점으로 우주의 기원과 생성과정을 4상논리로 풀어나간다. 소강절의 우주개벽론과 대비해서 주렴계의 『태극도설』은 역동성이 부족한 '記述的 宇宙開闢論Descriptive Cosmogony'이다.(방동미, 앞의 책, 121쪽) 그러나 소강절은 선천개벽의 시초를 태극으로 간주하고, 태극 이후 음양의 분화 과정부터를 후천으로 본다는 점이 정역사상과 확연하게 다르다.

한 점에 있다. 만물의 생성이 번갈아 일어난다는 관찰은 그의 사유의 출발점이다.

주지하다시피 『황극경세서』는 처음부터 우주역사의 시간표 작성으로 시작된다. 소강절은 우주 전체의 순환을 시간으로 계산하는 작업을 추진하였다. 그는 우주를 생장수장生長收藏하는 하나의 커다란 과정으로 간주하고, 또한 이를 수리화 함으로써 변화의 시간대를 객관화하여 우주 전체의 시간적 시스템은 1원元 = 12회會, 1회會 = 30운運, 1운運 = 12세世, 1세世 = 30년年이라는 '원회운세설'을 창안하였다.

우주는 129,600년을 하나의 주기로 삼아 생장수장의 단계를 거치면서 온갖 굴곡에도 불구하고 생명을 잉태하고 길러서 성숙시키고 다음 생명을 위해 저장함으로써 선후천을 반복한다. 김일부는 원회운세설을 낱낱이 해체한 다음에 재구성하고 한층 심화시켜 우주생성의 목적을 명확하게 천명하였다.

역易은 역야曆也

역의 본래적 의의는 '변역(변화)'으로 집약된다는 것이 정역의 근본입장이다. 혁괘 「상전」은 "못 속에 불이 있는 것이 '혁'이니, 군자는 이를 본받아 책력을 다스리고 '때'를 밝히느니라(澤中有火革, 君子以, 治曆明時)"라고 하였다. 다시 말해서 천도

운행(일월)의 질서인 책력冊曆의 본질적 의미를 헤아려 선후천이 전환되는 이치를 깨닫고 밝히는 사명은 군자에게 부여된 의무이기도 한 것이다.

그래서 김일부는 역의 근본명제를 획기적으로 바꾼다.

"역이란 책력冊曆이니 책력이 없으면 성인聖人이 없고 성인이 없으면 역도 없다."[143]

이것이 바로 『정역』의 3대 명제이다. 그는 전통 역학의 주제였던 변화의 문제에서 한 걸음 더 나아가 역학의 새로운 지평을 열어 시간성(책력)의 문제로 환원시켰다.

보통 책력이라 하면 자연계의 주기적 변화를 단순화하고 체계화하여 인간의 삶에 도움을 주는 천문학적 의미의 캘린더Calender로 인식하는 데 익숙하다. 특히 인류는 년, 월, 일, 시, 분, 초 등의 개념을 바탕으로 계절의 변화를 정확히 계산함으로써 문명을 발달시켜 왔음을 부인할 수 없다. 하지만 김일부는 달력 구성의 메카니즘에 대해서 본질적인 의문을 던지고 '책력의 변화'란 단지 삶의 유용한 수단이 아니라, 캘린더 구성의 근거로서의 '역수원리曆數原理'라고 분명하게 밝혔다.

『정역』은 우주의 역사는 시간의 선험적 질서를 뜻하는 역수변

---

[143] 『정역』「大易序」, "易者曆也, 無曆無聖, 無聖無易."

화에 의거하여 전개된다는 것을 전제한다.

> "역수원리는 우주역사를 섭리하는 가장 근원적이요, 포괄적인 전체 역수를 밝히고 있는데, 우주의 생성은 바로 역수원리 안에서 또는 그것에 근원하여 전개되는 것이다."[144]

김일부는 구체적으로 원역原曆 → 윤역閏曆 → 윤역閏曆 → 정역正曆의 단계로 우주는 발생하고(生) 성장하여(長) 완수된다(成)고 요약했다. 우주운행의 시간의 메카니즘은 네 단계의 절차를 밟으면서 대드라마를 연출한다는 것이다.

4력四曆은 원역과 2단계의 윤역, 그리고 최후의 정역으로 구성된다. 윤역을 하나의 단계로 간주한다면 우주는 3단계의 과정을 거치면서 완성된다고 할 수 있다.

> "4력 생성사에 있어 윤역이 생하는 태초적 근원력根源曆이라는 입장에서 말할 때에는 원역原曆이요, 윤역이 변화하여 최종적으로 완성된 역이라는 입장에서 말할 때에는 정역正曆인 것이다. 그러므로 정역에 있어 그 본체도수까지를 포함해서 말할 때에는 원역이 되는 것이요, 반대로 원역에서 그 운행도수만을 말한다면 정역이 되는 것이다."[145]

---

[144] 유남상, 「주체적 민족사관의 정립을 위한 한국역학적 연구」『충남대 인문과학논문집』, 1974, 131쪽.

[145] 유남상, 「정역의 도서상수원리에 관한 연구」『충남대 인문과학논문집』제8권, 1981, 194쪽.

4력曆의 변화와 역수曆數 관계

김일부는 우주변화의 한 싸이클을 4개의 시간대로 구분하여 시간의 내부구조를 밝히고, 후천에는 1년 360일의 도수가 정립됨을 논증하였다.

"요堯임금이 밝힌 1년 책력수는 366일이며, 순舜임금이 밝힌 1년 책력수는 365¼일이며, 일부一夫가 밝혀낸 1년 책력수는 375도이니 15를 존공尊空하면 공자孔子가 밝힌 1년 책력수인 360일이다."(『정역』「십오일언」"金火五頌")

그렇다면 원역과 윤역, 정역은 어떤 관계성을 갖는가. 그리고 원역과 정역을 구분하는 15도의 존재론적 위상과 원역의 성립 근거는 과연 무엇인가. 여기에는 몇 가지 해석 방법이 있으나,[146]

---

[146] 金邦鉉은 원역도수 375도 구성을 이렇게 풀이하였다. 즉, {(목화토금수 5행) 5 × (하도의 중심수 10 + 낙서의 중심수 5) 15} × 5(이는 5행의 자체 成道과정에 해당됨) = 375. 여기서 15를 존공한다는 말은 10과 5는 天地性命의 本源이기 때문에 자리를 비워 작용수로 사용하지 않는다(『正易註義』「金火五頌」의 주석 참조). 원역도수 375를 산출하는 근거로는 3가지로 요약할 수 있다 ① 황극을 지칭하는 戊자리 5와 무극을 지칭하는 己자리 10의 합수인 15를 정역도수 360에 더하는 방법이 있다. ②『주역』「계사전」상편 9장에 나오는 건책수 216과 곤책수 144를 합한 결과로 나타난 360에 근거하는 방법이 있는데, 이는 김일부가 직접 언급한 점에서 타당한 이론이다. 건책수 216과 곤책수 144에서 양효는 9, 음효는 6이다. 이들은 각각 4방의 공간으로 확대된다. 예를 들어 건괘는 순수 양효로 이루어지므로 9×4=36, 곤괘는 순수 음효이므로 6×4=24가 된다. 그리고 건곤괘는 또한 6개의 효로 이루어지므로 건책수는 36×6=216이며, 곤책수는 24×6=144가 되는 것이다 그 합인 360을 '孔子의 朞數'라고 김일부는 규정했는데, 여기에 음양효 작용수인 9와 6의 합을 더

(하도의 중심수 10 + 낙서의 중심수 5) + 정역도수 360 = 375라는 풀이가 정석이다.

> "375도 원역은 과거적인 본래의 근원역이며, 360도인 정역은 미래에 성취될 완성역을 가리킨다. 전체 역수인 원역도수 안에는 4력 생성사를 통한 역수변화에 의해 존공 귀체될 윤도수 15와 정역도수 360도가 포함되어 있다. 이 윤도수가 귀공되면서 본체도수가 되는 것이 바로 '15 존공尊空'으로서 4력 변화원리의 핵심이 되는 것이다."[147]

원역과 윤역, 정역의 사실적 생성 관계는 무엇일까. 앞에서 언급했듯이, 4력의 생성변화는 원역 → 윤역 → 윤역 → 정역의 절차를 밟아 진행되지만, 원역 375도에는 그 본체도수인 15도가 이미 포함되어 있기 때문에 사실적으로 운행하는 도수는 정역 360도수이므로 원역이 정역이고 정역이 원역인 것이다.

하면 총 375가 되는 것이다. ③ 정역만의 고유한 시간의 변화에 대한 열쇠가 되는 '四象分體度'와 '一元推衍數'에 근거한 산출 방법이 있다. '사상분체도'란 무극수 61 + 황극수 32 + 일극수 36 + 월극수 30 = 159로 이루어진다. 여기서 '戊己' 15수를 존공시켜 빼면 곤책수 144가 된다, '일원추연수'란 (9×9)+(9×8)+(9×7) = 216의 수리 법칙에 의거하여 산출된다. 즉 사상분체도 159와 일원추연수 216을 더하면 원역도수 375가 된다. 위에 열거한 3가지 모두 나름대로의 의미가 있으나, 정역사상 자체가 선후천 시간변화의 원리를 해명하는데 집중된 까닭에 마지막 산출 방법이야말로 『정역』의 논리에 충실한 풀이일 것이다.

147 유남상, 앞의 논문, 195쪽.

따라서 원역이 바로 정역인 까닭에 정역은 과거와 현재, 그리고 미래를 일관하는 항구불변한 시간성의 원리인 것이다. 정역은 과거에도 존재했고, 바로 현재에도 존재하며, 앞으로 먼 미래에도 영원히 객관적으로 실재하는 전순시간적 선험적 시간원리인 것이다. 그 이유는 정역 360도는 원역과 음양의 윤역을 통틀어 우주에 편재하여 시간의 흐름을 주도하는 중심적 준거가 되기 때문이다. 그러므로 정역도수 360도는 선천과 후천에 상관없이 시간질서의 준거가 되는 보편원리인 것이다.

그러면 원역에서 윤역으로의 전환은 어떤 원리에 의해 작동할까. 그것은 시간의 모체인 하도낙서의 중심체인 15도가 시간 흐름의 물결을 타고 현상적으로 윤역의 모습을 띠고 나타난다. 여기에는 2가지 풀이가 가능하다. 하나는 전통 주역학의 괘상卦象 중심의 풀이와,[148] 다른 하나는 하도낙서적 시간관에 근거한 풀

---

148 괘상 중심의 주역학은 공간관이 밑바탕이 되었다면, 하도낙서는 시간관이 기초로 되었다. 주역학이 공간적 관점을 바탕으로 세계를 해명하지만, 그 근저에는 하도낙서의 시간관이 밑받침되어 있다. 즉 주역학 전체의 시스템은 하도낙서의 원리가 최종근거로 자리잡고 있는 셈이다. 하도낙서는 시간의 전개가 곧 공간의 확장으로 직결된다는 점을 표명하고 있다. 이는 하도낙서의 도식이 시간과 공간의 문제를 입체적으로 도상화한 점에 분명히 나타난다. 이런 점에서 하도낙서에 근거하여 괘상의 논리가 분화되었다고 할 수 있다. 예컨대 하도낙서에는 10무극, 5황극, 1태극의 3극론이 핵심축이 된 반면에, 괘상의 논리는 태극만이 최고의 원리로 제시된 점을 보더라도 하도낙서 원리가 전제되어 괘상의 논리가 성립되었다고 하겠다. 괘상은 체십용구體十用九(體十은 하도의 10무극), 체오용육體五用六(體五는 낙서의 5황극)의 원리에 근거하므로 양효는 9로, 음효는 6으로 표기되었던 것이다. 따라서 『주역』의 궁극 메시지는 정

이가 있다.[149] 전자에 의하면, 시간 생성의 본원인 무극과 시간 흐름을 조절하는 추동력인 황극이 시간 형태로 자신을 드러낼 때, 10무극은 건괘로 대표되는 9로, 5황극은 곤괘로 대표되는 6의 운동으로서의 기능성을 발휘한다.[150] 이런 뜻에서 주역은 양효를 9로, 음효를 6으로 부르는 시초가 되었던 것이다. 후자의 입장을 대변하는 하도낙서의 원리는 시간의 실재성을 전제함과 동시에

역의 3극론으로 수렴됨을 알 수 있다.

149 하도낙서 도상에 투영된 시간관은 선후천변화를 이해하는 결정적 열쇠이다. 이를테면 天地之數 55(주자는 이를 河圖數라 규정한 바 있다)와, 낙서수 45의 합은 100이다. 100은 음양적 구조에 근거하므로 이를 둘로 나누면 大衍之數 50이 된다. 이들 삼각구도의 연관성, 우주의 영혼의 소리이자 가락인 율려도수를 비롯하여 四曆문제 등에 대한 종합적 해명을 통하여만 정역사상의 근간인 시간론의 핵심이 포착될 수 있기 때문에 이에 대한 다각도의 전문적 논의가 절실하다.

150 이를 『주역』에서는 '用九用六'이라 한다. 天道를 뜻하는 건괘와, 地道를 상징하는 곤괘의 다음 구절은 이를 구체적으로 대변한다. "하늘의 만물 생성의 의지는 9를 사용한다. 그래야만 하늘의 이법성을 알 수 있다. (乾元用九, 乃見天則)" 여기서 '乃'는 미래적 용법임을 유의해야 한다. "6을 사용해야만 오래도록 바르게 되어 이로우니라. 상전에 이르기를 '6을 사용해야만 오래도록 바르게 된다'는 것은 무한한 큼으로써 마친다(用六利永貞. 象曰 用六永貞, 以大終也.)" 건괘가 시간질서를 가리킨다면, 곤괘는 공간질서를 가리킨다. 그래서 「계사전」에서는 건(天)은 '廣'으로, 곤(地)은 '大'로 표상하여 乾天 : 坤地 또는 시간 : 공간의 이미지를 대비적으로 묘사한다. 따라서 '用九'를 강조한 건괘에서는 '건도가 변화한다(乾道變化)'고 했으며, 곤괘에서는 '크게 마친다(大終)'라고 규정함으로써 선천의 질서가 후천에 이르러 크게 변화하고, 변화의 내용은 '영원히 크게 성숙되어 완성됨'에 있음을 언급한다. 여기서 '마친다(終)'는 말은 종말이나 종결의 뜻하는 것이 아니라, '성숙, 완성, 달성, 완수, 성취'등의 다양한 뜻이 있다. 동양에서는 종말론이 성립될 수 없으므로 이를 기독교의 종말론과 결부시키거나 혼동해서는 안 된다.

그 실재성의 근본틀 변화가 선후천의 시간전환으로 나타난다는 것이 본질적 명제였다. 이때 시간의 모체인 10과 5를 핵심 축으로 형성된 하도수 55와 낙서수 45는 대연지수 50을 중심으로 각각 마이너스Minus 방향과 플러스Plus 방향으로 진행함으로써 객관적인 시간의 변화라는 '자기 변신'의 사태를 맞는 것이다.[151] 즉

---

[151] 정역사상의 시간론에 기초해 볼 때, 시간질서의 극적인 전환을 뜻하는 선후천변화는 우주 전체시스템의 '자기 조직화'의 일환으로 전개되는 필연성이므로, 기독교가 태생적으로 안고 있는 창조론적 시간관과는 근원적으로 다를 수 밖에 없다. 움베르트 에코는 "하느님은 천지를 창조하기 이전에는 무엇을 하고 있었을까? … 그처럼 심오한 수수께끼를 꼬치꼬치 파고들려는 자들을 위해 지옥을 마련하고 있었다"는 아우구스티누스의 농담을 인용하면서 어쩌면 영원히 풀릴 수 없는 시간문제에 도전하여 인류가 얻은 해답은 '시간이란 우리의 관념 속에 존재한다'고 나름대로 평가한다. 중세의 기독교적 시간관은 오늘날의 '빅뱅'이론가들에게 기댈 언덕을 제공했다. 시간은 어느 분명한 순간에 탄생했으며, '대폭발'이 일어난 뒤에야 비로서 '전'과 '후'에 대해 말하는 것이 의미를 가질 수 있으며, 시간이 탄생하기 '전'에 무슨 일이 일어나고 있었는가를 묻는 것은 부질없다는 것이 그들의 견해이기 때문이다.(움베르트 에코 外, 김석희 옮김, 『시간박물관(The story of time)』, 푸른숲, 2006, 6-11쪽) 이처럼 기독교의 창조론적 시간관은 서양문화에 깊은 영향을 미쳐 시간은 과거에서 현재를 거쳐 미래로 흐른다는 일방적인 직선적 시간관을 잉태하도록 하였다. 기독교에서 말하는 창조는 단 한 번의 사건이므로 시간의 역전현상은 있을 수도 없고 있어서도 안 되고 어느 누구에 의해서 부정될 수 없는 지상명제인 까닭에 세계의 종말과 함께 시간도 종말 현상을 맞이하는 운명을 지닌다. 왜냐하면 시간은 창조의 부속물에 지나지 않는 창조주의 속성을 설명하는 하나의 수단이기 때문이다. 결국 기독교정신에 입각한 신앙의 시간관은 『정역』의 창조적인 순환론적 시간관과 다르다. 특히 시간의 질적 변화에 관한 의식이 싹틀 기반이 원초적으로 부재했다. 한편 과학과 종교의 통합을 자신의 과업이라 생각하는 미국의 세계적인 초인격심리학자인 켄 윌버Ken Wilver는 오늘날에는 과학의 업적의 의해 '빅뱅 이전에 무엇이 존재했는가'라는 물음도 가능하다고 한다. 그것은 첫째로 창조의 패턴을 지배하는 비물질적 로고스를 많은 사람들이 단순히 하느님이라고 부르는 것일 수도 있으며, 둘째로 빅뱅 현상을 발견

10과 5는 즉자적으로 자기를 현시하는 것이 아니라, 10은 5의 방향으로, 5는 10의 방향으로 전환하면서 자신의 정체성을 드러낸다고 하겠다.

정역正曆이 윤역閏曆으로 변화하면서, 정역의 본체도수였던 원역原曆 내의 15도度는 건괘의 '용구用九' 법칙과 곤괘의 '용육用六' 법칙에 의하여 음양으로 분리되어 윤도수 15로 나타난다. 그것은 우주생성의 극한 분열의 상태를 상징하는 9나, 분열을 성숙과 완성으로 수렴시키는 6의 구체적 운동이 360일 정역에 시간의 꼬리표가 붙는 '윤역'의 형태로 드러나도록 하기 때문이다. 이것이 바로 실재론적 의미에서 시간의 모체인 10과 5가 객관적인 시간으로 변환되는 '자기변신'의 사건인 것이다. 즉 10과 5는 즉자적으로 자기를 현시화하지 않는다.

우주의 심원한 영혼인 10과 5는 9와 6의 양태로 스스로의 역할을 대행하도록 한다. 우주는 강약(9와 6)의 몸짓으로 춤을 추면서 생명의 약동을 리듬으로 보여준다는 뜻이다. 그것은 우주생명의 춤사위가 처음, 중간, 완성이라는 시간의 리듬으로 자신을

한 과학은 스스로 하느님(궁극적 주재자)을 지향하고 있다고 주장한다.(켄 윌버, 조효남 옮김, 『감각과 영혼의 만남』, 범양사, 2000, 47쪽). 김일부는 우주의 '无中碧'과 인간의 '虛心丹'이 하나로 만나는 궁극의 경지에서 시간을 언급한다. 따라서 포스트모더니즘(과학은 사실에 지배당하는 것이 아니라 패러다임에 의해 지배된다는 것이 포스트모더니즘의 신조)에서 말하는 이른바 세계는 인식되는 것이 아니라 다만 해석되는 것일 뿐이라는 어처구니 없는 주장은 설득력이 없다.

드러내는 이치와 흡사하다. 처음의 원역, 중간의 윤역, 완성의 정역의 단계가 바로 그것이다. 그 중간단계의 역동적인 우주의 움직임이 바로 오늘날 우리가 사용하는 태양력(365¼일)과 태음력(354일)으로 나타난다. 이것이 선천 캘린더 구성의 연원이다. 반대로 분열과 수렴의 극한을 상징하는 9와 6이 원래의 자리인 10과 5로 환원되는 역전逆轉(체용의 전환)에 의해 360일의 정역正曆이 된다.

이와 같이 원역은 두 단계의 윤역으로 분리되는데, 이때 정역 360도는 윤역으로 하여금 원역의 근본 틀에서 벗어나지 않도록 '자기 항상성'을 유지하게끔 하는 중심체이다. 다시 말해서 선천에서는 원역 375도 가운데 15도가 본체로서 자리 잡고 정역 360도로 작용하던 구조가, 후천에는 정역 360도가 중심체가 되어 윤역의 도수가 작용함으로써 본체와 작용의 관계가 완전히 역전 Reverse되는 현상으로 나타나는 것이다.

천문학으로 보면 360도는 실제로 정원궤도를 형성한다. 선천의 역이 통용된 생(366일), 장(365¼일)시대는 지구가 정원궤도가 아닌 타원궤도로 움직여 왔다. 현실적인 입장에 볼 때 윤도수 6일, 또는 5¼일은 지구가 타원궤도 위로 주행함으로써 성립된 것이다. 지구의 타원궤도는 자전축이 23.5도 기울어졌기 때문에 생긴 것이다. 한마디로 『정역』은 바로 천체의 정립 운동현상을 밝혀주는 자연의 1급비밀, 즉 천지개벽운동의 실체를 드러내 주고 있다.

일월개벽日月開闢

정역사상의 시간적 수리론은 다음의 내용을 갖는다. 12시간은 하루, 30일은 한 달을 구성한다. 이 시간수의 귀공歸空(=歸體)에 의해 날수의 변화를 가져오고, 날수의 귀공에 의해 달수의 변화를 가져오므로 결국 일월日月의 변화는 1년 기수朞數의 변화를 초래한다. 따라서 정역이 말하는 시간의 변화란 1년을 구성하는 '기수朞數 자체의 변화'[152]를 의미하는 것이다.

이러한 시간의 변화는 어떻게 계산해낼 수 있을까. 선천 일월日月의 운행을 계산해볼 때, 1개월 사이에 태양은 약 30.5도나 운행하는데 비해 달은 약 29.5도 밖에 운행하지 못한다. 이는 선천의 '삼천양지三天兩地'운동 때문에 '양은 오히려 남고 음은 오히려 부족'한 모습을 일월이 노출하고 있는 것이다. 그러나 후천 초기에 들어서면 천체가 발發하는 음양은 균형이 잡혀 일월의 운동은 동등하게 된다. 일월세계에 이같이 일어나는 현상의 변화는 곧 천축의 이동에 의한 현상인 것이다.[153]

---

[152] 유남상, 앞의 논문, 199쪽.
[153] 우주의 본체인 북극의 이동 때문에 천지개벽과 같은 대변혁이 생긴다.(한동석, 앞의 책, 304쪽 참조.)

천축의 이동은 곧 지축의 정립과 궤도수정을 동반하고, 이는 바로 일월의 운행도수로 드러나게 된다. 선후천변화의 물리적 흐름을 주도하는 주체는 일월이기 때문에, 이는 바로 일월의 운행질서 자체에 근본적 변화가 온다는 말이다.[154]

일월의 운행이 자기수정을 통해 올바르게 자리 잡는다는 말은 과거의 캘린더가 전혀 쓸모 없어지고 새로운 캘린더로 교체됨을 뜻한다. 이에 대해서 김일부는 "하늘과 땅의 수는 해와 달을 수놓으니, 해와 달이 올바르지 않으면 역은 역이 아니로다. 역은 정역이 되어야만 역이 역될 수 있으니, 원역이 어찌 언제나 윤역만 쓰겠는가."[155]라고 말했다. 즉 '윤역'이라는 시간의 흐름은 미완성이므로 낡은 일월은 물러나고 후천의 새로운 일월이 솟는 물리적 변화로 나타난다는 뜻이다.

일월의 변화는 후천의 새로운 책력을 가져온다. 즉 선천의 윤역은 물러나고 후천 정역의 세계가 오는 것이다. 구체적으로 한 달은 30일, 1년은 360일이 되며, 23·5도로 기울어진 지축이 바로서고, 황도와 적도가 일치함으로써 극한과 극서가 소멸되는

---

154 증산상제는 "영원한 평화의 꽃은 건곤 위에서 길이 만발하고, 대지 위의 태양은 간태궁을 밝히리라(永世花長乾坤位, 大方日明艮兌宮)"(『도전』, 5:122:2)라고 하여 새롭게 정립된 地天泰의 건곤으로 말미암아 온 천지에 시간적으로나 공간적으로 광명의 세계가 열림을 제시하였다.

155 "天地之數數日月, 日月不正易匪易, 易爲正易易爲易, 原易何常用閏易."(『정역』「십오일언」"正易詩")

것이다. 그래서 김일부의 『정역』은 하도낙서의 도상, 복희·문왕·정역팔괘도, 시간규정의 새로운 도수인 "십간원도수十干原度數"에 이어 마지막을 "십이월이십사절기후도수十二月二十四節氣候度數"로 장식하여 시공간의 질적 변화로 결론지었다고 말할 수 있을 것이다.

정역의 세계는 '일월개벽日月開闢'으로 이루어진다. '일월개벽'은 김일부의 제자들, 즉 정역을 연구하는 제2세대들이 즐겨 사용한 용어이다. 예컨대 하상역河相易의 이름으로 발간된 『정역도서正易圖書』와 하상역의 문인이었던 염명廉明의 『정역명의正易明義』 등은 모든 날짜계산을 '태청태화太淸太和 오화원시五化元始 무기일월개벽戊己日月開闢'을 기준으로 삼았음을 볼 때 더욱 그렇다.

일월개벽은 바로 천지개벽이며, 천지개벽은 당시 정역계의 중요한 화두였다. 이상용李象龍은 『정역원의正易原義』[156]에서 특별히 「천지개벽설天地開闢說」이란 글을 실어 정역의 핵심은 천지개벽에 있음을 말하였다.

---

[156] 이상용은 "(소강절의) '天政開子, 地政闢丑'의 현상은 손가락을 굽히고 펴는 이치에 담겨 있다. 天五戊土는 子會에 열리기 때문에 '戊子宮'은 하늘의 정사(天政)가 열리는 선천이다. 地十己土는 丑會에 열리기 때문에 '己丑宮'은 땅의 정사(地政)가 열리는 후천이다. 땅과 하늘이 거꾸로 되어 뒤집어지고, 물이 마르고 불기운이 치열해지는 이치에 이르러서는 소강절과 주자의 설명이 지극한 바 있다(至若倒地飜天, 水渴火熾之原, 朱邵言之奧矣)"고 결론지었다.

정역의 선후천개벽론

이제 우리는 정역사상이 강조하는 선후천변화가 과연 물리적 변동에 따른 인간의 자세를 촉구하려는 사상인지, 새로운 우주론의 확립을 통하여 인간 존엄성에 대한 근거를 재구성하려는 이론인가를 판단할 시점에 이르렀다. 달리 말해서 시간질서의 변화가 공간질서의 변화를 가져옴으로써 지구를 비롯한 태양계, 멀게는 우주의 중심축이 바뀌는 대변동을 말하는 것인지를 진술하게 논의할 필요가 있다. 그래야만 현대과학의 업적과 발맞추어 대응할 수 있으며, 더 나아가 정역사상의 합리성과 진면모를 드러낼 수 있는 발판을 마련할 수 있기 때문이다.

김일부는 "아아! 축궁이 왕성하니 자궁은 그 자리에서 물러나는구나."[157]라고 감탄하면서 '지축의 정립'[158]을 시사하였다. 지축정립에 따른 선후천 변화의 문제를 본격적으로 드러내기 시작한

---

157 "嗚呼! 丑宮得旺, 子宮退位"(『정역』「십오일언」"化翁親視監化事")
158 "문왕괘는 지축이 경사된 모습에서 취상한 것이며, 정역괘도는 지축이 정립된 입장에서 취상한 것이다. 문왕괘도의 시대, 즉 현실의 금화교역은 불완전한 교역이므로 변화가 예측하기 힘들지만, 정역괘도의 시대는 변화가 정상화되어 평화시대가 온다."(한동석, 앞의 책, 260~261쪽) 이밖에도 승려였던 탄허도 이와 비슷한 주장을 한다. '지축정립'의 문제는 정역세계가 요청의 논리인지, 아니면 그것은 사실의 영역에 속한 이론인지에 대해 공식적인 학술토론을 동반할 것이다. 중요한 것은 지축정립이 물리적 변화를 동반한다는 것이다. 물리적 변화는 자연변화를 뜻하며, 또한 자연변화는 인간과 사회와 역사와 문명의 전환을 수반한다. 정역사상이 이것 하나만을 제기한 것도 세계철학에 공헌하는 바가 매우 크다.

이는 정역 연구의 3세대인 이정호이다. 그는 "끝날이 다가오면 태양계 내의 각 천체 상호간의 위치와 인력관계로 지구에는 미증유의 대변동과 대혼란이 일어날 가능성이 있다. 지축의 이동으로 인한 양극의 변동이라든지, 궤도이탈로 인한 극심한 동요, 지진과 해일, 함몰과 융기, 화산의 폭발과 상전벽해의 변동 등 여러 가지 변화를 생각할 수 있다. 남북회귀로 인하여 생기던 동지와 하지의 현상이 없어지고, 황도와 적도가 1년 내내 일치한다면 사시장춘四時長春이 될 수도 있다."[159]고 말한다.

『정역』을 통해서 볼 때, 시간의 질적 변화와 동시에 공간의 량적 변화는 순간적인 지축이동의 현상으로 나타남을 추정할 수 있다. 김일부는 "금화가 서로 바뀌어 들어 만세의 책력의 그림이 되네"[160] 라 하고, 또한 "(복희 8수, 문왕 9수와는 달리) 하도 10수의 정역은 만고불변의 캘린더이다(十易萬曆)"[161]라고 노래하여 시간의 질적 변화를 통하여 우주역사는 새로운 전기를 맞는다고 하였다. 그것은 선후천변화에 의해 28수의 배치가 완전히 180° 전도되는 천문현상으로 직결되어 1달은 30일이 되고, 1년은 언제나 360일이 됨을 뜻한다.[162]

---

159 이정호, 『정역과 일부』(서울 : 아세아문화사, 1985), 253-255쪽.
160 "金火而易兮, 萬曆而圖."(『정역』「십오일언」"十五歌")
161 『정역』「십일일언」"四正七宿用政數."
162 동양천문학에서 말하는 28宿는 (동방)角亢氐房心尾箕, (북방)斗牛女虛危室壁, (서방)奎婁胃昴畢觜參, (남방)井鬼柳星張翼軫이다. 선천에 角亢에서 시

이런 의미에서 『정역』의 시간론은 일월의 정도正度 운행과 밀접한 함수관계를 갖는다. 선천의 일월운행이 빚어내는 하늘의 천문은 완성된 실체가 아니라, 완성을 향하여 진화하는 과정에 있다는 것이다. 그 결과 올바른 일월운행에 의해서 새로운 시공간대가 펼쳐지며, 그것은 물리적인 자연환경의 변동으로 나타나는 것이다.

 『정역』의 선후천론은 '모든 것은 변화하면서 순환한다'는 한마디로 압축할 수 있다. 그것은 현대과학에서 말하는 '시간의 화살은 붕괴의 방향으로 진행한다'는 결론과는 근본적으로 다르다. 왜냐하면 선후천의 순환에 기초한 정역사상은 시공간의 변화가 곧 세상의 종말로 직결된다는 것을 의미하지 않기 때문이다. 또한 『정역』의 시간론은 새로움의 창조성을 해명하는데 목적이 있기 때문에 더욱 그렇다. 따라서 선후천 전환이 갖는 철학적 의미는 시간의식에 대한 쌍방향적 사고와, 시간원리의 주체화에 의거한 인간의 능동적 대응자세를 일깨우는데 있다고 하겠다.

 서양의 우주관과 시간관은 이미 쏜 화살이 반대방향으로 날아가지 않는다는 직선형의 사유를 잉태하였다. 그래서 시간은 과거

작하던 것이 후천에는 亢角의 순서로 마치게 된다. 이것이 28宿의 運氣論이다. "室에서 壁까지 성좌를 이루는 큰 별의 수는 대략 108개이며, 그 황경도수는 주역의 건책인 216도이다. 室에서 角까지의 별들의 수는 대략 55개이며, 그 황경도수는 주역의 곤책에 해당되는 144도이다."(이정호, 『원문대조 국역주해 정역』, 아세아문화, 1988, 53쪽 각주 참조.)

에서 현재로, 현재에서 미래로 흘러간다는 뉴턴의 절대적 시간관에 발맞추어 우주는 결국에 붕괴와 소멸로 이어진다는 일방적이고 진보적 역사관을 낳았다. 하지만 『정역』의 우주관과 시간론은 전통의 순환론을 비판적으로 극복한 창조적 순환론(造化論)의 성격을 갖는다. 특히 모든 것이 언제나 똑같은 방식으로 순환한다는 것이 아니라, 오히려 진화와 진보를 거듭하는 가운데 선천과 후천이 교체한다는 선후천의 우주관이다. 더 나아가 선후천 전환을 밝히는 시간관이라는 점에서 정역사상은 동서양의 각종 시간관에 종지부를 찍는 획기적 패러다임을 제공했다고 할 수 있다.

에필로그

 주지하다시피 『주역』은 변화의 철학이다. 그리고 『주역』은 시간의 흐름을 바탕으로 변화의 패턴과 질서를 읽어내어 길흉을 판단하는 책이다. 하지만 김일부는 자신의 저서에서 한 번도 길흉을 언급하지 않았다. 이는 『주역』에 대한 기존의 연구 방법에서 벗어나 새로운 사유를 전개하려는 의지를 엿볼 수 있는 대목이다. 김일부는 변화를 일으키는 시간 자체의 구조와 본질을 파헤치는 것에 집중하여 후천에 쓰일 새로운 달력을 작성하는 것으로 『정역』의 마지막을 장식하였다. 세상의 끝장을 두려워했던 마야인들이 달력을 만들어 종말에 대비했다면, 김일부는 희망의 철학으로 『정역』을 저술했던 것이다.

 김일부는 암울했던 조선조 후기에 태어나 『주역』을 낱낱이 해체한 다음에 선후천론의 시각으로 재구성한 『정역』을 지어 한국철학의 위상을 드높였다. 그는 『정역』을 완성하기까지 광범위한 주제를 다루었다. 선후천론을 중심으로 하도낙서론, 금화교역론, 시간론, 삼극론三極論, 역수성통론曆數聖統論, 일월개벽론日月開

鬪論, 도수론度數論, 오운육기론五運六氣論, 천문학天文學, 역법론曆法論, '공空'의 형이상학, 새로운 천간지지天干地支 이론을 바탕으로 하는 육갑의 변형론變形論 등이 그것이다.

그는 이들을 하나의 논리로 통합하여 우주의 발전사를 괘도의 변천에 대응시키고, 그 결과를 정역팔괘도로 일원화하였다. 또한 심법학을 비롯한 영가무도의 수행론과 더불어 인간 주체성을 우주론으로 꿰뚫는 체계를 수립함으로써 역철학의 새로운 지평을 열었다. 이때 각 이론들은 선후천론을 정점으로 특수와 일반의 관계처럼 조직되어 정역사상의 정교함을 한층 돋보이게 하고 있다.

정역사상의 근간은 선후천론이다. 왜냐하면 김일부는 천지를 언급할 때, **항상 지천地天을 먼저 말한 뒤에 천지天地를 말하여 진리에 대한 패러다임의 전환을 촉구했기 때문**이다. 이는 후천을 중심으로 선천을 밝힌 것이고, 미래의 입장에서 과거와 현재를 조명하는 논리라고 할 수 있다. 이를 바탕으로 김일부는 금화교역의 과정을 통해 상극에서 상생으로, 선천에서 후천으로, 윤역에서 정역으로, 천지비天地否(䷋)에서 지천태地天泰(䷊)의 세상으로 전환됨을 논증했던 것이다. 한마디로 우주사와 시간사와 문명사는 동일한 궤도를 걷는다는 것이 선후천론의 핵심이라 할 수 있다.

이처럼 김일부는 다양한 스펙트럼을 통하여 우주론과 시간론을 통합하는 세계관을 수립하였다. 따라서 정역사상은 성리학을 비롯한 전통사상의 발전적 계승의 차원에 그치는 것이 아니라, 극복의 형태를 갖추고 있다. 비록 전통의 용어와 문화적 기반을 승계했지만, 그 발상과 내용은 전혀 새롭고 독창적인 사유의 극치를 보여 주었다. 특히 『서경』과 『논어』에 나타난 '시간의 선험적 질서는 내 본성에 갖추어져 있다(天之曆數在汝躬)'라는 명제를 시간에 대한 인간 내면성의 근거로 압축하여 인간 주체성의 실존實存으로 융회하는 화두로 확정하였다. 그리고 시간의 객관적 변화를 뜻하는 '사력변화四曆變化'로 시간 흐름의 방향성을 제시함으로써 '자연(우주와 시간)과 인간에 대한 새로운 소통'의 마당을 마련하였다. 따라서 정역사상은 모든 학문의 기본인 시간의 문제를 철학적 사유의 근본으로 다루었기 때문에 보편학으로 성립되기에 충분하다.

그러나 정역사상에 대한 불편한 진실이 있다. 『정역』은 주역사상을 해설한 하나의 주석서에 불과하며, 또한 민족종교의 이론적 근거를 제공했다는 평가가 바로 그것이다. 정역사상은 조선조 말기의 특수 상황에서 『주역』의 여러 관점 중에 하나를 집중적으로 조명한 한국역학에 불과하다는 결론이다. 또한 "19세기 말에 등장한 대중종교요 민족종교로서 정역사상이 가지는 한계는 상수론의 논리에 사로잡혀 주술의 세계로 빠지는 함정일 수도 있는 한계를 갖는다. 상수적 언어와 상징성으로 이루어진 정역사상을 재해석하지 못하면 보편종교로 나올 수 없고, 술수가의 폐쇄적

상상력 속에 갇힐 위험이 있다"[163]는 지적이 있다. 이는 마땅히 극복되어야 할 평가임이 분명하다.

하지만 정역사상이 비록 그 시대의 언어로 기술되었다고 할지라도 그 의미마저 왜곡되거나 축소되어서는 안 된다. 이러한 오해를 불식시키기 위한 방안은 우리 시대에 알맞은 주석서와 함께 새로운 논리의 개발이 급선무일 것이다. 그리고 정역사상의 현대화를 위해서는 첨단과학의 업적의 하나인 과학적 시간관과 접목하여 연구할 필요가 있으며, 또한 문명사의 측면에서도 거시적 안목으로 조명되어야 마땅하다.

조선조 말기에 등장한 동학과 정역사상과 증산도의 공통점은 시간질서의 급격한 전환에 따른 후천개벽에 있다. 동학은 시운時運에 의한 후천개벽을 주장했으나, 아쉽게도 '왜, 어떻게'라는 물음에 대한 명확한 해답을 제시하지 못한 한계가 있다. 그래서 혹자는 정역사상이 동학의 미비점에 대한 이론적 근거를 제공한 점에 사상적 의의를 찾기도 한다.

정역사상은 선후천 전환의 이치를 밝히고 있으나, 원론의 차원에서 논의하는 수준에 그치고 있다. 하지만 증산도는 후천개벽을 총체적으로 밝히고 있다. 즉 후천개벽은 자연계의 틀 자체가

---

[163] 금장태, 「일부 김항과 정역의 종교사상」, 『한국현대의 유교문화』(서울: 서울대출판부, 1999), 90쪽.

획기적으로 바뀐다는 자연개벽과, 자연의 하나인 인간 역시 새로운 인간으로 거듭 태어난다는 인간개벽, 지구촌의 각 문명권이 하나로 통일됨에 따라 밝은 영성의 문화가 수립된다는 문명개벽이 바로 그것이다. 이 중에서 정역사상은 자연개벽에만 초점을 맞춘 까닭에 후천개벽의 형이상학화에 치우친 감이 없지 않다. 이는 증산도에 이르러 '우주1년'을 중심으로 개벽의 실제상황을 비롯하여 후천개벽에 대한 한층 심화된 사상과 종교의 형태로 나타난다.

그렇다면 동학과 정역사상과 증산도사상은 역사학에서 말하는 봉건적 체제를 부정하는 근대성과 어떤 연관이 있는가? 역사학, 정치학, 사회학에서 '근대'를 언제부터 언제까지를 간주하는냐 하는 질문에 대답하는 것은 결코 쉽지 않은 문제다. 그러나 1876년 개항開港을 전후한 시기부터 1945년 8월 일제의 질곡으로부터 해방되는 시기까지를 근대로 보는 것이 통설[164]이라는 지적에 논자도 공감한다.

이밖에도 우리 사회는 한국사의 근대성[165]을 동학혁명 또는 정

---

[164] 하원호, 「근대사회 성격론」 『새로운 한국사 길잡이』(서울: 지식산업사, 2008), 23-26쪽 참조.

[165] 장세윤, 「근대의 이중성과 대한제국의 종말」/박도 편집, 『개화기와 대한제국』(서울: 눈빛, 2012), 23쪽 참조 "'근대성'은 일반적으로 계몽주의, 합리주의, 시민권, 개인주의, 산업화, 민족주의, 국민국가, 자본주의 세계체제 등과 연관된" 술어다.

치제도의 개혁을 이룩한 갑오경장甲午更張에서 찾는 것에 익숙하다. 동학혁명의 거대한 물줄기가 한국 정치사를 비롯하여 역사와 사회의 지형도를 뒤바꾸었다는 점은 누구도 부정할 수 없는 사실이다. 한편, 사상적으로는 성리학에 대한 반발로 흥기한 실학實學에서 한국 근대성의 뿌리를 찾기도 한다. 하지만 철학사의 측면에서는 동의하기 어렵다. 왜냐하면 새로운 철학적 사유와 종교적 세계관이 얼마만큼 반영되었는가의 여부가 한국사상사에서 말하는 '근대성'의 개념 규정에 적합하다고 판단하기 때문이다. 동학이 종교적 구원관에 바탕하여 시민혁명으로 연결되었다면, 정역사상은 과거와 현재와 미래를 꿰뚫는 보편적인 철학적 사유의 실마리를 제공했다고 할 수 있다.

정역사상에는 동학이 미처 언급하지 못한 사회개혁의 배후에 존재하는 자연계의 거대한 수레바퀴를 돌리는 시공간에 대한 근본적 통찰이 담지되어 있다. 이런 의미에서 한국의 근대성에 대한 철학적 사유는 반드시 정역사상으로부터 출발해야 한다고 제안한다. 왜냐하면 동서양 철학에서 줄곧 평행선을 달려 왔던 존재론과 생성론의 진정한 소통의 문제에 대한 본질적인 물음과 대답이 녹아 있기 때문이다.

정역사상은 이에 대한 엄밀한 이론체계가 정비되어 있다는 측면에서 한국철학의 독창성과 함께 21세기 담론을 담기에 손색이 없으므로 김일부는 후천 '역도의 종장'이라는 영광스런 반열에 올라섰던 것이라 할 수 있다. 『정역』은 비록 얇은 책자에 불과하지만, 거기에는 엄청난 사상적 깊이와 넓이를 갖추고 있다. 앞으로 개발할 여지는 무궁무진하다. 정역사상에 대한 과학철학, 종교철학, 수리철학, 시간론, 신과학을 비롯하여 최신의 우주론적 성과에 기초하여 조명하는 방법 등은 거의 미개척 분야이다. 지금은 김일부가 『정역』을 집필한 근본정신을 바탕으로 이들을 유기적으로 통합하는 형태의 연구가 필요하다. 어느 한 쪽으로 치우친다면 그것은 각론에 그치고 말 것이기 때문이다.

| 참고문헌 |

● 경전류

道典
東經大全
周易
周易本義
正易
皇極經世書

● 주역관련 도서

금장태, 『조선유학의 주역사상』, 서울: 예문서원, 2007.
南懷瑾 지음/신원봉 옮김, 『역경강설』, 서울: 문예출판사, 1998.
南懷瑾 지음/신원봉 옮김, 『주역강의』, 서울: 문예출판사, 2000.
쑨잉케이·양이밍 지음/박삼수 옮김, 『周易- 자연법칙에서 인생철학까지』, 서울: 현암사, 2007.
신원봉, 『인문으로 읽는 주역』, 서울: 부키, 2009.
심의용, 『주역- 세상과 소통하는 힘』, 서울: 아이세움, 2007.
廖名春·康學偉·梁韋弦 지음/심경호 옮김, 『주역철학사』, 서울: 예문서원, 1995.
이정용, 『易과 神學』, 서울: 대한기독교서회, 1998.

● 주역관련 외국도서

江慎修, 『河洛精蘊』, 上海: 學苑出版社, 1989.

高懷民, 『先秦易學史』, 臺北: 東吳大學, 1975.
高懷民, 『邵子先天易哲學』, 臺北: 荷美印刷, 1997.
今井宇三郎, 『宋代易學硏究』, 東京: 明治圖書出版社, 1960.
金春峰, 『漢代思想史』, 北京: 中國社會科學出版社, 1987.
余敦康, 『周易現代解讀』, 北京: 華夏出版社, 2006.
張立文, 『周易思想硏究』, 胡北: 新華書店, 1980.
朱伯崑, 『易學哲學史(1,2,3,4)』, 北京: 北京大學出版社, 1988.

● 정역관련 도서

권영원, 『正易入門과 天文曆』, 서울: 동서남북, 2010.
권영원, 『正易句解』, 대전: 상생출판, 2011.
권영원, 『正易과 天文曆』, 대전: 상생출판, 2013.
김주성, 『정역집주보해』(서울: 태훈출판사, 1999.
박상화, 『正易과 韓國』, 서울: 공화출판사, 1978.
박상화, 『韓國의 詠歌』, 서울: 공화출판사, 1976.
백문섭, 『정역연구의 기초』, 서울: 일부선생기념사업회, 1980.
유남상, 『周·正易經合編』, 대전: 연경원, 2008.
이정호, 『周易正義』, 서울: 아세아문화사, 1980.
이정호, 『學易籑言』, 서울: 대한교과서주식회사, 1982.
이정호, 『正易硏究』, 서울: 국제대학출판부, 1983.
이정호, 『正易과 一夫』, 서울: 아세아문화사, 1885.
이정호, 『원문대조 국역주해 正易』, 서울: 아세아문화사, 1988.

이정호, 『第三의 易學』, 서울: 아세아문화사, 1992.
한동석, 『宇宙變化의 原理』, 서울: 대원출판, 2001.
한장경, 『周易·正易』, 서울: 삶과 꿈, 2001.

● 시간론 관련 도서

데이비드 유잉/신동욱, 『캘린더』, 서울: 씨엔미디어, 1999.
리차드 모리스 지음/정윤근·김현근 옮김, 『시간의 화살』, 서울: 소학사, 1991.
소광희, 『시간의 철학적 성찰』, 서울: 문예출판사, 2001.
스티븐 제이 굴드 외/문지영·박재환 옮김, 『시간의 종말』, 서울: 끌리오, 1999.
스튜어트 매크리티 외/남경태 옮김, 『시간의 발견』, 서울: 휴머니스트, 2002.
움베르트 에코 외/김석희 옮김, 『시간박물관』, 서울: 푸른숲, 2000.
제이 그리피스 지음/박은주 옮김, 『시계 밖의 시간』, 서울: 당대, 2002.
크리슈나무르티·데이비드 봄 지음/성장현 옮김, 『시간의 종말』, 서울: 고려원, 1994.
피터 코브니·로저 하이필드 지음/이남철 옮김, 『시간의 화살』, 서울: 범양사, 1994.
폴 데이비스 지음/김동광 옮김, 『시간의 패러독스』, 서울: 두산동아, 1997.

● 일반서적

고병권, 『니체, 천개의 눈 천개의 길』, 서울: 소명출판, 2002.

김상일, 『화이트헤드와 동양철학』, 서울: 서광사, 1993.

김상일, 『수운과 화이트헤드』, 서울: 지식산업사, 2001.

김일권, 『동양천문사상-하늘의 역사/인간의 역사』, 서울: 예문서원, 2007.

금장태, 『한국현대의 유교문화』, 서울: 서울대출판부, 2002.

린 마굴리스·도리언 세이건 지음/황현숙 옮김, 『생명이란 무엇인가』, 서울: 지호, 1888.

마이클 슈나이더 지음/이충호 옮김, 『자연, 예술, 과학의 수학적 원형』, 서울: 경문사, 2002.

마이클 탤보트 지음/이균형 옮김, 『홀로그램 우주』, 서울: 정신세계사, 1999.

方東美, 『新儒家哲學 十八講』, 대만: 黎明文化事業公司, 1984.

브라이언 그린 지음/박병철 옮김, 『엘러건트 유니버스』, 서울: 승산, 2002.

브라이언 그린 지음, 『우주의 구조』, 서울: 승산, 2005.

야마다 케이지 지음/김석근 옮김, 『주자의 자연학』, 서울: 통나무, 1991.

안경전, 『증산도의 진리』, 서울: 대원출판, 2000.

안경전, 『이것이 개벽이다(상,하)』, 서울: 대원출판, 2002.

안경전, 『개벽을 대비하라』, 서울: 대원출판, 2004.

안경전, 『개벽실제상황』, 서울: 대원출판, 2005.

안경전, 『천지성공』, 서울: 대원출판, 2008.

안경전, 『생존의 비밀』, 대전: 상생출판, 2009.

안운산, 『새시대 새진리』, 서울: 대원출판, 2002.

안운산, 『상생의 문화를 여는 길』, 서울: 대원출판, 2005.

안운산, 『천지의 도- 春生秋殺』, 서울: 대원출판, 2007.

이강오, 『한국신흥종교총람』, 서울: 대흥기획, 1992.

이광연, 『피타고라스가 보여주는 조화의 세계』, 서울: 프로네시스, 2006.

李能和 輯述/李種殷 譯注, 『韓國道敎史』, 서울: 보성문화사, 2000.

이은성, 『曆法의 原理分析』, 서울: 정음사, 1985.

정민, 『미쳐야 미친다- 조선 지식인의 내면 읽기』, 서울: 푸른역사, 2004.

조경달 지음/박맹수 옮김, 『이단의 민중반란』, 서울: 역사비평사, 2008.

켄 윌버 지음/조효남 옮김, 『감각과 영혼의 만남』, 서울: 범양사, 2007.

K.C. 콜 지음/김희봉 옮김, 『우주의 구멍』, 서울: 해냄, 2002.

프란츠 칼 엔드레스·안네마리 쉼멜 지음/오석균 옮김, 『수의 신비와 마법』, 서울: 고려원, 1996.

프리초프 카프라 지음/이성범 외 옮김, 『현대물리학과 동양사상』, 서울: 범양사, 1985.

프리초프 카프라 지음/이성범, 『새로운 과학과 문명의 전환』, 서울: 범양사, 1986.

프리초프 카프라 지음/김용정·김동광, 『생명의 그물』, 서울: 범양사, 1998.

프리초프 카프라 지음/강주헌, 『히든 커넥션』, 서울: 범양사, 2003.

화이트헤드 지음/오영환 옮김, 『과정과 실재』, 서울: 민음사, 1997.

● 논문류

송인창, 「鷄龍山 文化에 나타난 後天開闢思想」 『동양문화 학술세미나』, 대전대학교 동양문화연구소, 2011.

유남상, 「주체적 민족사관의 체계화를 위한 한국역학적 연구」, 『충남대 인문과학논문집』, 1974.

유남상, 「정역의 도서상수원리에 관한 연구」, 『충남대 인문과학논문집』 제8권, 1981.

찾아보기

기타

1태극 98, 108, 114
3극 원리 101, 102, 107
4력 152
5황극 92, 98, 108, 109, 110, 114, 156
10무극 98, 108, 114, 156
28수 25, 66, 164

ㄱ

간艮 68
간괘 69
간도수 68
간방 67, 68, 69, 81
강병석 51
개벽 9, 70
개벽문 24
개벽사상 19
고괘 49
곤도 23
공영달 85
공자 8, 49, 67, 68, 74
관괘 49
광인 59, 60
광화 38
교역 87
구구음 59
국사봉 28, 44, 45, 46, 47, 51, 62, 63
권영원 51
권일청 38
권종하 44
금화 164
금화金火 138, 140, 142
금화교역 78, 95, 96, 106, 137, 139, 140, 141, 142, 143, 144, 146, 147
금화교역론 136
금화교역설 11
금화문 140, 141
금화사송 140
금화송 138
금화정역 138, 139, 142
기제괘 106
김국광 20
김국현 24
김근수 51
김길락 53
김방현 140
김영곤 44
김인로 20
김일부선생행장 20
김장생 35, 46
김정현 21, 38, 44
김집 35, 46
김치인 38
김홍현 44, 49
김황현 44

ㄴ

낙서 78, 92, 104, 105, 106, 107, 137, 139, 142, 144, 145, 147
낙서수 157
남학 26, 37, 38, 45

ㄷ

다오개 27, 44
대동사회 58

대역서 6, 24, 25, 28, 93
대연지수 157
대종교 38
덕당 49, 50, 51
도생역성 106, 110, 145
도수 63, 144, 146
도심 20
돈암서원 46
동학 37, 170, 172

ㄹ

래래지역 6
류승국 51

ㅁ

모성공회 61
묘월卯月 73
묘월세수 74
무극 101, 102, 103, 104, 106, 107, 109, 114, 156
무극대도 38
무윤역 93
문왕 24
문왕괘 69, 79, 81, 90, 92, 93, 94, 97, 98
문왕괘도 85
문왕역 6, 71, 86
문왕팔괘도 69
미래역 71, 93
미제괘 106
민영태 44

ㅂ

박제가 37
반고 99
백문섭 21, 53
변역 87
복상월 113
복희괘 69, 79, 90, 91, 93, 94, 96, 97, 98
복희괘도 85
복희역 6, 71, 86
북극성 65, 66
북두칠성 65, 66, 74

ㅅ

사력변화 169
삼천양지 111, 160
상극 24, 76
상극질서 147
상생 76
상수론 72
상제 138, 139
서경 39
선천 10, 24, 41, 70, 74, 85, 86, 89, 97, 100, 103, 105, 106, 112, 137, 140, 144, 146, 147, 159, 161, 165
선천개벽 9, 70
선천역 6, 87
선천월 113
선후천 10, 11, 30, 40, 41, 45, 72, 76, 77, 78, 84, 85, 87, 89, 115, 157, 166
선후천론 10, 165, 168
선후천 변화 43, 46
선후천변화 49, 97, 138, 140, 142, 148, 160, 162, 164
선후천의 변화 109
성주탁 53
세수歲首 73
소강절 77, 85, 86, 100, 149, 150

손구전 50
수지도수 30, 49, 51, 80
시간론 72
시간사 69
神道設教 49
신동호 53
십오일언 25
십일일언 25
십진일퇴 111

ㅇ

양력 42
양지삼천 111
억음존양 75, 76, 94, 138
역도易道의 종장宗長 10, 72
역도의 종장 64, 70, 172
역법 11, 73
역생도성 106, 110, 145
역수변화 43
역수원리 151
연담 23, 37, 39, 40
연담선생 22, 56
연산 19, 36
염명 38, 46, 162

영가무도 28, 30, 38, 45, 57, 70
영동천심월 39, 40, 42
오도산 20
오방불교 38
용래 36
용신 36
용화낙원 25
용화세상 58
우주1년 77
우주사 69
원역 69, 152, 153, 154, 155, 158, 159, 161
원회운세 100
유남상 21, 51, 53
유득공 37
유리세계 26
육종철 51
윤역 64, 69, 77, 93, 152, 153, 154, 158, 159, 161
율려 75
음력 42
이강오 38, 39
이능화 37, 39
이덕무 37
이복래 22
이상룡 44

이상용 162
이서구 37
이영태 44
이용희 51
이운규 35, 38
이정호 21, 30, 47, 49, 51, 53, 163
二天七地 96
인월寅月 73
인월세수 74
인황 99
일부사실 24
일부사적 24
일월 160, 161
일월개벽 162
일월변화 112

ㅈ

자미원 65
자연개벽 171
자월子月 73
재일 20
전봉준 71, 72
정감록 7
정경학회 53
정성장 51
정역 64, 69, 77, 152, 153, 154, 155, 158, 159, 161,

162
정역괘 69, 79, 80,
81, 90, 94, 96,
97, 98
정역괘도 95
정역사상 4, 5, 28,
45, 47, 50, 69,
76, 78, 89, 101,
105, 107, 114,
146, 162, 163,
166, 168, 170,
171, 172, 173
정역원의 162
정역주의 140
정역팔괘도 6, 23, 42,
69, 79, 97
정음정양 76
정이천 84, 87
조양율음 75, 76, 94,
138
조화선경 58
종시론 80
주자 85, 87, 101
증산상제 63, 64, 66,
67, 70, 72
지천태 168
지천태괘 96, 114
지축경사 24
지축의 정립 160
지축정립 69

지황 99

ㅊ

찬양문 61
책력 151
천심월 112, 113
천지개벽 162
天地公事 63
천지비 168
천황 99
천황대제 65, 66
초초지역 6
최수운 64, 71
최제우 37
최종열 27, 44
최형석 21
축월丑月 73

ㅌ / ㅍ

태극 101, 102, 103,
104, 107, 109
택화혁괘 148
포오함육 110, 111

ㅎ

하도 78, 92, 104,
105, 106, 107,
108, 137, 139,
142, 145
하도낙서 8, 104,
137, 155, 156
하도수 157
하상역 38, 44, 162
하추교역기 78
한동석 51
한장경 51
혁괘 148, 149, 150
황극 101, 102, 103,
104, 107, 108,
110, 111, 114,
156
황극경세서 100, 150
황극원리 51
황심월 41, 112, 113
황중월 41, 113
후천 10, 24, 42, 70,
74, 85, 86, 89,
97, 100, 103,
105, 106, 112,
114, 137, 140,
144, 146, 147,
161
후천개벽 9, 70, 71,
76, 77, 170, 171
후천역 6, 87, 137
후천월 113

찾아보기 183